ratio

Band 35

CICERO, DE FINIBUS
SENECA, EPISTULAE
mit Begleittexten

Kommentar

bearbeitet von
Werner Weismann
und Wolfgang Flurl

C. C. Buchners Verlag · Bamberg

ratio

Lernzielbezogene lateinische Texte
Begründet von Erich Happ und Klaus Westphalen
Fortgeführt von Gerhard Jäger
Herausgegeben von Wolfgang Flurl und Wilfried Olbrich

Seltener zitierte antike Schriften werden im Kommentar in der üblichen Weise abgekürzt; ansonsten gilt:

Aristot.	NE	Aristoteles, Nikomachische Ethik
Cic.	fam.	Cicero, Epistulae ad familiares
	Lael.	Laelius de amicitia
	leg.	De legibus
	nat. deor.	De natura deorum
	off.	De officiis
	rep.	De re publica
	Tusc.	Tusculanae disputationes
Epik.	frg.	Epikur, Fragmente
Sen.	ep(ist).	Seneca, Epistulae morales
Stoa,	Texte	Stoa und Stoiker . . ., eingeleitet und übertragen von M. Pohlenz (↗ Literaturhinweise S. 101)

1. Auflage 1 5 4 3 2 1 99 98 97 96 95
Die letzte Zahl bedeutet das Jahr dieses Druckes.

Alle Drucke dieser Auflage sind, weil untereinander unverändert, nebeneinander benutzbar.

ISBN 3 7661 **5885** 6

Gesamtherstellung: Fränkischer Tag GmbH & Co. KG, Bamberg

Inhalt

EINLEITUNG (E)

1. Zielsetzung und Hauptvertreter der griechischen Philosophie

1.1 Philosophie als Fragen und Suchen

Der Begriff Philosophie meint bis heute das Bemühen des Menschen, das Wesen und die letzten Zusammenhänge des Seins sowie gültige Werte zu erkennen und daraus Grundsätze für die Lebensführung und Daseinsgestaltung abzuleiten (↗ BT 1). Der Philosoph ist sich bewußt, daß sein Fragen und Nachdenken nicht immer zu einer gesicherten Erkenntnis führt und oft ohne eine endgültige Antwort bleibt. „Das Suchen der Wahrheit, nicht der Besitz der Wahrheit ist das Wesen der Philosophie." (Karl Jaspers)

Das griechische Wort φιλοσοφία (*philosophía*; lat. *philosóphia*) brachte zum Ausdruck, daß die „Liebe zur Weisheit" (σοφία / *sophía*) das Motiv dieses Strebens ist. Ihm widmet sich der Philosoph nicht um eines naheliegenden Zieles oder Zweckes willen, sondern er ist ganz von dieser Liebe erfüllt und will die Weisheit und die Wahrheit letztlich um ihrer selbst willen erkennen.

Erste Herausforderung zum Nachdenken war die Natur, deren Grundstrukturen und prägende Kräfte der Mensch denkerisch – nicht experimentell – zu ergründen suchte. So sind die frühen griechischen Philosophen vor Sokrates, die sog. **Vorsokratiker** (ab ca. 600 v.), ergriffen von der Frage nach dem Ursprung und dem Grundprinzip alles Seienden. Sie versuchten eine vor allem spekulative Naturerklärung. So faßte THÁLES aus Milét, für dessen Lebenszeit seine Vorausberechnung der Sonnenfinsternis des Jahres 585 v. einen gesicherten Anhaltspunkt liefert, das Wasser als den Ursprung alles Seienden auf, ohne dieses näher zu bestimmen oder darüber ein Buch zu verfassen. Seine Nachfolger (ebenfalls aus Milet) beschäftigten sich gleichfalls mit dem Ursprung: dieser war für den früheren ein qualitätsloser, unendlicher Urgrund („das Unbestimmbare": ἄπειρον / ápeiron), für den späteren die Luft.

Etwa in der Mitte des 5. Jh.s entwickelte der sagenumwobene EMPÉDOKLES seine Lehre von den vier Elementen Erde, Wasser, Luft und Feuer, die durch „Streit" und „Freundschaft" in Beziehung zueinander treten, in seinem Hauptwerk Περὶ φύσεως / *Perì phýseōs*, einem Lehrgedicht in Hexametern, von dem wir zahlreiche Fragmente haben. Das Grundproblem des (ewigen) Seins und des (sich ewig wandelnden) Werdens („alles ist im Fluß") beschäftigte Parménides (samt seinen Nachfolgern: 5. Jh. v.) bzw. HERAKLÍT (um 500 v.), der einen Kreislauf der vier Elemente annahm, u. zw. durch Abkühlung (Feuer → Luft → Wasser → Erde) und anschließende Erwärmung (Erde → Feuer); Feuer ist dabei nicht ein letztlich gleicher Urstoff – wie Wasser bei Thales –, sondern Feuer ist in einem ewigen Prozeß der Abnahme und Wiederzunahme Ausgangs- und Zielpunkt; am Ende eines Kreislaufs steht ein periodischer Weltenbrand; der angedeutete Wechsel ist nicht Ergebnis eines regellosen Zufalls, sondern einer strengen Gesetzmäßigkeit; die für diese Ordnung verwendeten Begriffe werden später von den Stoikern (↗ E 1.5) aufgegriffen.

Ähnlich wie Empedokles ging auch ANAXÁGORAS aus Klazomenái in Kleinasien (ca. 500 - 428) nicht nur von einem Urstoff (*archḗ*) aus, sondern von einer Vielzahl von Urstoffen. Entstehen und Vergehen der sichtbaren Erschei-

nungen deutet er als Verbindung und Trennung der letztlich unveränderlichen und ewigen Stoffteile. Der Geist (νοῦς/*nūs*) ist nicht der Schöpfer der Materie, gibt aber den entscheidenden Anstoß zur zweckmäßigen Einrichtung des Kosmos. Er beendet die anfängliche chaotische Vermengung der Urstoffe, die bewegungslos unendlich lange geruht haben, und läßt das Gleichartige zusammentreten. Bei der ersten durch den Geist ausgelösten Wirbelbewegung bilden sich dann auch die von Empedokles bekannten vier Elemente Erde, Wasser, Luft und Feuer; im folgenden bedient sich Anaxagoras überwiegend mechanisch-physikalischer Erklärungsversuche. Seine klare Scheidung von Stoff und Geist kann man als Dualismus bezeichnen; daß bei Anaxagoras der *nūs* über erste Ansätze (Anlaß der Bewegung und weitgehende Ordnung der Elemente) nicht hinauskam, hat den Sokrates (Platon, Phaidon 97 ff.), Platon und Aristoteles enttäuscht. Er wirkte lange in Athen und war mit (seinem Schüler) Perikles († 429 v.) und Euripides († 406 v.) befreundet; er mußte aber Athen verlassen, weil ihm eine Anklage wegen Gottlosigkeit drohte.
Den Abschluß der Vorsokratiker bildeten die sog. ATOMISTEN, die letzte „unteilbare" Bestandteile (Atome: ἄτομα/*átoma*) als ewig ansetzten, durch deren Mischung und Lösung im leeren Raum Werden und Vergehen erklärt werden. (Der bekannteste Atomíst war DEMOKRIT, dessen reicher Vater den nach Kleinasien fliehenden Xerxes 480 v. in Abdéra/Thrakien bewirtete.) Auf diese Atomlehre wird später Epikur zurückgreifen (↗ E 1.4 und S. 36 f.).
Während die genannten Philosophen meistens nur einzelne Schüler hatten, sammelte in Süditalien der Philosoph und Mathematiker PYTHAGORAS († ca. 496 v.; ↗ BT 1) einen ganzen Kreis um sich, der auch eine besondere Lebensweise pflegte (mit langem Schweigen – Verzicht auf Bohnen und Fleisch – abendlicher Gewissenserforschung); diese Pythagoreer lernte Platon (↗ E 1.2) später bei seinen Aufenthalten in Sizilien und in Süditalien kennen und übernahm viel von ihren Lehren in sein Spätwerk.
Der Frage nach der richtigen Lebensführung, die von den Vorsokratikern eher nur nebenbei behandelt worden war, wandte nun **Sokrates** († 399 v.) seine ganze Aufmerksamkeit zu. In seinen Gesprächen mit den Bürgern von Athen regte er nach dem Bericht seines Schülers Xénophon († ca. 355 v.) das Nachdenken über die Fragen an, was fromm und unfromm, gut und schändlich, gerecht und ungerecht, was Besonnenheit und Raserei, was Tapferkeit und Feigheit sei, was ein Staat und Staatsmann, was Herrschaft über Menschen und ein Herrscher über Menschen sei. Der Mensch dürfe nach Sokrates seine Aufmerksamkeit nicht nur auf die Außenwelt richten, sondern müsse um das ethisch Gute und damit um das Heil seiner Seele bemüht sein (Memorabilia 1, 1, 16). Zugleich legte Sokrates – soweit wir dies aus den bei Platon († 347 v.) und bei Xenophon z. T. frei nachgezeichneten Dialogen erkennen können – großen Wert auf klare Definitionen und auf schlüssige Argumentation, zumal seine „Gegner", die SOPHISTEN (etwa Gorgias, Protagoras, Hippias von Elis und Pródikos: jeweils 5. Jh. v.), mehr die günstige Wirkung einer Rede (vor der Volksversammlung oder vor Gericht) erstrebten als die sachliche Richtigkeit.

So zeichneten sich zunehmend die Hauptgebiete der antiken Philosophie ab: die *Physik* als Erforschung der Natur, des Himmels und der Götter; dann die Dialektik als methodische Grundfrage nach den Möglichkeiten einer gesicherten Erkenntnis sowie die *Logik* als Anleitung zu einer rational nachvollziehbaren Verknüpfung von Gedanken und Schlußfolgerungen (↗ zu Dialektik und Logik auch S. 71); schließlich die *Ethik* als die Frage nach dem sittlich-guten Leben des einzelnen und nach den Grundlagen des Zusammenlebens der Menschen in der Polis bzw. im Staat (↗ S. 71 zu Sen. ep. 89,9).
Mit diesen drei Hauptgebieten des Fragens und Suchens befaßten sich alle bedeutenden Vertreter der griechischen Philosophie nach Sokrates – jedoch in unterschiedlicher Intensität und mit verschiedenen, oft auch widersprechenden Ergebnissen.

1.2 Platon und die Akademie

Platon (427 - 347), der bedeutendste Sokratesschüler, ließ seinen Lehrer als Hauptunterredner in seinen philosophischen Dialogen auftreten. Inhaltlich ist Platons Philosophieren aber in weit höherem Maße als das des Sokrates von einer systematisierenden erkenntnistheoretischen, ontologischen (~ nach dem Wesen des Seins fragenden), ethischen und politischen Theorie bestimmt, deren Zentrum die Ideenlehre (s. u.) ist. Den äußeren Rahmen für seine Lehre schuf sich Platon durch die Gründung der Akademie (etwa) im Jahre 387.
Das wahrhaft Seiende ist nach Platon nicht in unserer sinnlich wahrnehmbaren, von Werden und Vergehen gekennzeichneten Welt zu finden, sondern in einer anderen Wirklichkeit von ewigem, unveränderlichem Sein, der Welt der „Ideen“, die als nur geistiger Einsicht zugängliche Begriffe die Erkenntnis, als Urbilder alle Gegenstände der Wahrnehmungswelt und als Werte unser Handeln bestimmen. Als höchste Idee gilt die „Idee des Guten“, die allem Seienden sein Sein, aller Erkenntnis ihre Wahrheit und allem Handeln den Charakter des Guten verleiht. Seine Philosophie gilt als „idealistisch“.
In dem Werk ‚Politeia‘ entwickelte Platon eine Theorie der Gerechtigkeit anhand seines Modells vom Staat. Wie es im Staat Gruppen von Bürgern mit unterschiedlichen Aufgaben gibt, so in der Seele des Menschen einzelne „Teile“, denen jeweils eine richtige Verhaltensweise („Tugend“: ἀρετή / *aretḗ*; lat. *virtus*) zugeordnet ist: dem triebhaften Teil die Besonnenheit (σωφροσύνη / *sōphrosýnē*; lat. *temperantia*), dem muthaften Teil die Tapferkeit (ἀνδρεία / *andreía*; lat. *fortitudo*), dem vernünftigen Teil die Weisheit (σοφία / *sophía*; lat. *sapientia*) sowie dem Zusammenwirken der Teile bei der Erfüllung ihrer spezifischen Aufgaben („das Seine tun“) die Gerechtigkeit (δικαιοσύνη / *dikaiosýnē*; lat. *iustitia*). Der Philosoph wird diese vier „Kardinaltugenden“ in hohem Maß verwirklichen. Doch hängt ihre volle Realisierung von der nur ganz wenigen vergönnten Einsicht in die Idee des Guten ab.
Nachdem die Nachfolger Platons in der Leitung der Akademie zunächst dessen Erbe tradiert und systematisiert hatten, begann in Auseinandersetzung mit der Stoa (↗ E 1.5) eine Hinwendung zur sog. skeptischen Philosophie,

die die Erkennbarkeit der Dinge und die Beweisbarkeit von Aussagen in Frage stellte. – Erster Vertreter der Neuen Akademie (seit Mitte des 2. Jh.) war KARNÉADES von Kyréne (214/12 - 129/8). Er bezweifelte zwar die Erkennbarkeit einer verbindlichen Wahrheit, begründete aber eine differenzierte Lehre von der Wahrscheinlichkeit: Durch „Diskutieren nach beiden Seiten" (*in utramque partem disserere*) kann das Plausible bzw. Wahrscheinliche gefunden werden. – Spätere Akademiker wie PHILON von Laris(s)a (ca. 160 bis ca. 85) und vor allem ANTÍOCHOS von Askalon († ca. 68 v.) rückten vom Skeptizismus ab. Man erstrebte nun Verbindung und Ausgleich von platonischer, aristotelischer und stoischer Philosophie, wählte aus der Lehre jeder Schule das aus, was plausibel erschien (Eklektizismus; griech. *eklégein* „auswählen"), und bevorzugte die Elemente ihrer Lehre, in denen sachliche Übereinstimmung bestand.

1.3 Aristoteles und der Peripatos

Aristoteles (384 - 322) aus Stágeira auf der Chalkidike (in Makedonien) war langjähriger Schüler Platons und Mitglied der Akademie, dann am makedonischen Königshof zwei bis drei Jahre Lehrer Alexanders d. Gr. (bis 340) und gründete schließlich 335 in der Wandelhalle (Perípatos) im Lykeíon, einem dem Apollo geweihten Hain im NO von Athen, eine eigene Schule. Seine Anhänger hießen oft die Peripatétiker – entweder deshalb, weil im Lykeion eine besonders schöne Wandelhalle (Perípatos) lag, oder deshalb, weil Aristoteles als erster im „Hin- und Hergehen" (περιπατεῖν / *peripateín*) gelehrt haben soll. Er setzte sich kritisch mit Platons Ideenlehre auseinander, bezog in seine Philosophie empirische Fragestellungen ein und gilt deshalb als der Begründer einer „realistischen" Philosophie.
Als Grundprinzipien des Seienden setzt Aristoteles Stoff/Materie (ὕλη / *hýlē*; lat. *materia*) und Form (εἶδος / *eídos*.; lat. *forma*) an, wobei sich beide im konkreten Gegenstand untrennbar durchdringen, jedoch getrennt gedacht werden können: Der Stoff als Möglichkeit oder Anlage (δύναμις / *dýnamis*; lat. *potentia*), die Form als deren Verwirklichung (ἐνέργεια / *enérgeia;* lat. *actus*) oder Vollendung (ἐντελέχεια / *entelécheia*). Alles Werdende entwickelt sich hin zu einem Ziel (τέλος / *télos*; lat *finis*). Die Natur (φύσις / *phýsis* = „Wachstum"; lat. *natura*) ist der Bereich des sich in dieser Weise zielgerichtet entwickelnden („bewegenden") Seienden. Leib und Seele des Menschen verhalten sich zueinander wie Stoff und Form, wobei die Seele als das Prinzip des Lebendigen Ursache für die Bewegung des Körpers und zugleich Voraussetzung für Wahrnehmen, Denken und Erkennen ist.
Oberstes Ziel der Ethik – auch dieser Begriff stammt von Aristoteles – ist die Glückseligkeit (εὐδαιμονία / *eudaimonía*; lat. *beatitudo*), die bei ihm primär durch vernünftiges Verhalten erreicht wird, aber auch von gewissen äußeren Gütern abhängt. Die ethischen Tugenden (z. B. Tapferkeit, Gerechtigkeit) entsprechen der Mitte (μεσότης / *mesótēs*; lat. *mediócritas*) zwischen den Extremen des Zuviel und Zuwenig. Der Mensch ist von Natur aus ein auf (staatliche) Gemeinschaft angewiesenes und ihr zugleich verpflichtetes

(= „politisches") Wesen, und nur in ihr kann Gerechtigkeit verwirklicht werden. Die vollkommenste, freilich nur für wenige mögliche Lebensform ist für Aristoteles ein Leben der denkenden Betrachtung (βίος θεωρητικός / *bíos theōrētikós*; lat. *vita contemplativa*) als einer Tätigkeit des Geistes, der sich auf die Wahrheit und das Göttliche richtet (↗ BT 4), also Philosophie, welche die Theologie umfaßt.
Unter THEÓPHRASTOS von Éresos (ca. 370 - 287) wurde der Nachlaß des Schulgründers gesichert und herausgegeben, sein Bemühen um klare Regeln der Logik und um die Erforschung der vielfältigen Erscheinungen der Natur konsequent weitergeführt. Aus dem ethischen Denkansatz des Aristoteles sollte eine praxisnahe Lebenslehre entwickelt werden. – Ein bemerkenswertes Interesse für den Peripatos zeigten die Stoiker Panaitios und Poseidonios (↗ unten S. 12), die damit freilich die Schulgrenzen verwischten. Andererseits wurde in der Mitte des 1. Jh. v. durch die Sicherung des Textes von wichtigen Abhandlungen des Aristoteles und Theophrást die peripatetische Schule auf die Ursprünge zurückverwiesen. – Siehe auch „Hinweise zum Weiterleben der peripatetischen Ethik in Rom" (S. 69).

1.4 Epikur und der Epikureismus („Kepos")

Epikur aus Samos (341 - 270) gründete nach mehreren Aufenthalten in Athen ca. i. J. 306 v. dort eine Philosophenschule, deren Mitglieder sich in einem Garten (κῆπος / *kēpos*) trafen. Von Epikurs Schriften sind drei zusammenfassende Lehrbriefe sowie zwei Sammlungen von Kernsätzen, vor allem die Κύριαι δόξαι / *Kýriai dóxai,* erhalten. Durch die von Demokrit (S. 7) stammende Atomtheorie kam Epikur zu einer materialistischen Weltdeutung. Nicht nur diese unsere Welt ist durch Atomverbindungen auf mechanische Weise entstanden, sondern unendlich viele Welten, die alle vergänglich sind. Dazwischen liegen „Intermundien", in denen sich – von unserer Welt völlig abgeschieden – die Götter aufhalten: unsterblich, glücklich und leidenschaftslos. Sie interessieren sich nicht für den Menschen, und dieser braucht sich deshalb auch nicht vor ihnen zu fürchten; ↗ zu fin. 1, 63b (*superstitio*); BT 5. Einzig sichere Erkenntnisquelle ist nach Epikur die Sinneswahrnehmung (Sensualismus). Von den Gegenständen (= Atomverbindungen) lösen sich feine materielle Bildchen ab, die in unsere Sinne eindringen und die Grundlage für Erkenntnis und Wahrheit bilden; ↗ S. 36 (Die „Physik" Epikurs).

Alle Teilaspekte der Philosophie Epikurs sind auf die Ethik ausgerichtet: Philosophie ist ihm Mittel zum Zweck und Heilmittel im Hinblick auf das Endziel Glück, worunter er ungestörte Seelenruhe (ἀταραξία / *ataraxía*; lat. *tranquillitas animi*) versteht. Die wichtigste Empfindung des Menschen ist Freude bzw. Lust (ἡδονή / *hēdonḗ*; lat. *voluptas*; ↗ S. 28). Da sie der Seelenruhe und damit dem Glück dient, wird sie zum erstrebenswerten bzw. höchsten Gut erklärt, der Schmerz dementsprechend zum höchsten Übel. Doch geht es Epikur nicht um möglichst intensive, momentane, sinnliche Lust; denn diese ist vergänglich und kann Schmerz im Gefolge haben.

Bei der Frage des menschlichen Zusammenlebens interessiert Epikur mehr die persönliche Freundschaft als die staatliche Gemeinschaft (↗ fin. 1, 65 - 70). Politisches Engagement und Übernahme von Ämtern werden deshalb abgelehnt. Der Satz „Lebe im Verborgenen!" gilt als Motto für ein persönliches Glück in stiller Zurückgezogenheit.
Von seinen Anhängern wurde Epikur als „Befreier" fast religiös verehrt (↗ zu fin. 1, 32) und seine Lehre als verbindlich erklärt. Sie erlebte daher (fast) keine Weiterentwicklung. Durch die Stoa wurde ihm deutlich widersprochen; seine Ethik wurde scharf abgelehnt und er selbst – nicht sachgemäß – oft als Philosoph der (niedrigen) Lust diskreditiert (↗ S. 41).

1.5 Zenon und die Stoa

Die Philosophenschule der Stoa wurde kurz vor 300 v., also fast gleichzeitig mit dem „Kepos", in Athen von ZENON (ca. 332 - 262) aus Kition, einer Stadt an der Südküste der Insel Zypern, gegründet. Er versammelte seine Anhänger in der mit farbigen Gemälden geschmückten Säulenhalle (στοὰ ποικίλη / *stoà poikílē*) auf dem Marktplatz der Stadt.
Die Stoiker fassen die Welt als lebendigen Organismus auf, der in Aufbau und Bewegung eine ewige Ordnung (κόσμος / *kósmos*) besitzt. Die Welt wird geleitet durch ein alldurchwaltendes und alles verursachendes göttliches Prinzip. Alles ist vorherbestimmt durch Vorsehung (πρόνοια / *prónoia*; lat. *providentia*), durch die das – im Ganzen sinnvolle – Geschehen festgelegt ist als Schicksal (εἱμαρμένη / *heimarménē*; lat. *fatum* bzw. *necessitas*), das dem Zufall keinen Raum läßt (↗ BT 6.1 und 6.2).
Der Mensch kann das ihm bestimmte Schicksal nicht ändern. Es liegt seinem Verlauf nach fest, kann aber unterschiedlich aufgenommen werden: Der Weise (σοφός / *sophós*; lat. *sapiens*) akzeptiert es als unabänderlich, der Tor sträubt sich vergeblich dagegen (↗ S. 75 zu Sen. ep. 16, 5). Das höchste Ziel sehen auch nach Meinung der Stoa alle Menschen im Glück, das durch die Verwirklichung des ethischen Guten (καλόν / *kalón*; lat. *honestum*) verwirklicht wird (↗ fin. 3, 26b - 40). Orientierung ist dabei die Vernunft (λόγος / *lógos*; lat. *ratio*). Der Mensch muß als Wesen mit Vernunft versuchen, in Übereinstimmung mit sich selbst, mit seiner Vernunftnatur und vor allem mit der göttlichen Vernunft in dem ihn umgebenden Kosmos zu leben (*secundum naturam vivere;* ↗ S. 44 und S. 88 zu Sen. epist. 41,9).
Um die beste ethische Haltung zu erreichen, muß der Mensch die gefährlichen Wirkungen der Leidenschaften bzw. Affekte (πάθη / *páthē*; lat. *affectus*) überwinden, besonders der Lust und Unlust, Begierde und Furcht. Äußere Güter wie Ehre, Besitz und Gesundheit sind, vom ethischen Standpunkt aus betrachtet, gleichgültig (ἀδιάφορα / *adiáphora*; lat. *res mediae* bzw. *indifferentia*), in der Praxis aber ihrem Gegenteil vorzuziehen. Sie bringen jedoch aufgrund ihrer Vergänglichkeit nicht das Glück, sondern sind mit Klugheit und Maß zu gebrauchen; ↗ fin. 3, 41 - 61; Sen. epist. 74.
Der Mensch sieht sich mit anderen Menschen verbunden als mit ihm verwandten Vernunftwesen: Er verdankt sich einer Gemeinschaft und hat ihr gegen-

über Pflichten (καθήκοντα / *kathē̆konta*; lat. *officia*). Es gibt nur e i n Recht aller Menschen (Griechen und Barbaren, Männer und Frauen, Freie und Sklaven) sowie nur ein Gesetz und nur einen Staat (Kosmopolitismus).
Nach Zenons Tod wurde die Schule der Stoiker im 3. Jh. v. von dem „Theologen" KLEÁNTHES aus Assos (in der Troás in Kleinasien) und dann von dem Systematiker CHRÝSIPPOS aus Soloi (in Kilikien/Kleinasien) geleitet; letzterer entfaltete die stoische Lehre in über 700 Buchrollen und verteidigte sie gegenüber den Akademikern. Diese ersten drei Vertreter bilden die Alte Stoa.
Bedeutende Repräsentanten der Mittleren Stoa waren PANAITIOS aus Rhodos (↗ S. 43) und sein Schüler POSEIDONIOS aus Apaméia (in Syrien; 135 - 50; s. u.). Er stellte das System der stoischen Philosophie erneut dar und griff dabei in manchem auf Platon und Aristoteles zurück. – Siehe auch „Hinweise zum Weiterleben der stoischen Ethik in Rom" (S. 54).

2. Das Interesse für griechische Philosophie in Rom

2.1 Kontakt mit Vertretern der damaligen philosophischen Schulen

Während Griechenland im zweiten Jh. v. politisch von Rom unterworfen wurde, bestimmte zur gleichen Zeit die griechische Kultur – und damit die griechische Philosophie – zunehmend das Denken bedeutender Römer, auch wenn sich die traditionsverbundenen unter ihnen, wie etwa der ältere Cato († 149 v.), vehement manchen für gefährlich erachteten griechischen Erscheinungen widersetzten.
Ein wichtiger Markstein für die Rezeption griechischer Philosophie in Rom war die Gesandtschaft der drei griechischen Philosophen Karnéades (Akademie; s. o.), Kritólaos (Peripatos) und Diógenes von Babylon (Stoa) in Rom (155 v.). Seitdem fand die griechische Philosophie in den Kreisen der römischen Nobilität größeres Interesse.
Ihre persönliche Vermittlung können wir vor allem bei einem Mann verfolgen: P. Cornelius SCIPIO Aemilianus (ca. 185 - 129), dem Eroberer von Karthago und Numantia (daher die Beinamen Africanus Minor Numantínus). In das Haus seines leiblichen Vaters L. Aemilius Paullus, des Siegers in der Schlacht bei Pydna (168 v.), war Polybios gekommen und begeisterte den jungen Scipio für die griechische Kultur. Sie bestimmte später Art und Inhalt der Gespräche mit, die dieser mit Laelius und anderen gebildeten Römern in seinem Freundeskreis führte (vgl. Cicero ‚De re publica').
Zu den Freunden Scipios gehörte auch der Stoiker Panaitios (↗ E 1.5-Ende). Er vermittelte Scipio seine Philosophie und mit ihr zugleich eine Form von theoretisch reflektierter und praktisch verwirklichter *humanitas,* die den Blick für das spezifisch Menschliche mit dem Eintreten für das Menschenwürdige verbindet.
Hohes Ansehen genoß auch der stoische Universalgelehrte Poseidonios (↗ E 1.5-Ende); zahlreiche Römer, darunter auch Cicero, haben ihn als Lernende in Rhodos aufgesucht oder sind ihm in Rom persönlich begegnet.
Auch ANTIOCHUS von Askalon, der ca. von 86 bis 68 die Akademie in Athen leitete (↗ E 1.2-Ende), hinterließ durch seine Lehrvorträge und persönlichen

Gespräche bei bedeutenden Römern wie Lucullus (↗ zu fin. 3, 7 *in eius villam*) und Cic. einen tiefen Eindruck; denn er betonte nicht die Gegensätzlichkeit der philosophischen Schulen, sondern suchte – wenn auch sachlich nicht immer gerechtfertigt – die Angleichung der Positionen der Akademie, des Peripatos und der Stoa. Außerdem stand er dem Skeptizismus fern.
So finden in Rom offensichtlich weniger die Schriften der großen Schulgründer Resonanz; prägend sind eher die (spätere) Lehre und der persönliche Kontakt mit wichtigen Vertretern der philosophischen Schulen.

2.2 Ciceros Interesse für Philosophie

Schon in früher Jugend ließ sich Cic. im Rahmen seiner vielseitigen Studien in Rom auch von den Philosophen Philon von Larisa (Akademiker; seit 88 in Rom), Diódotos (Stoiker; † um 60; ↗ S. 42) und Phaidros (Epikureer; ↗ S. 24) unterweisen, wobei er nach eigenen Aussagen besonders viel dem Akademiker Philon verdankte. Während seiner Reise in den griechischen Osten (79 - 77 v.) war er in Athen sechs Monate Schüler des Antiochus (↗ fin. 5, 1) und in Rhodos Hörer des Poseidonios. Beide kamen in späteren Jahren auch nach Rom, wo Cic. ihnen freundschaftlich verbunden blieb.
Die Beschäftigung mit Philosophie durchzieht Ciceros ganzes Leben und erreichte mit seinem Plan einer Gesamtdarstellung der griechischen Philosophie (↗ E 2.3) eine besondere Intensität.
Cic. prüfte die Positionen der damaligen philosophischen Schulen und wollte sich in „eklektischer" (~ das Beste / Plausible auswählender) Manier das geistig aneignen, was ihn am meisten überzeugte. Dies war am ehesten auf der Basis der damaligen Akademie und ihres Hauptvertreters Philon von Larisa möglich. In ethischen Fragen schloß sich Cic. weitgehend der stoischen Schule an und lehnte die epikureische Position ab (↗ S. 54 und 41).
Cic. war kein eigenständiger Philosoph, aber er war sehr gut in der Lage, komplexe philosophische Gedankengänge inhaltlich zu erfassen und diese literarisch so darzustellen, daß sie für interessierte Römer verständlich und sicher auch anregend waren. Zustatten kamen ihm dabei seine gründlichen Studien in früheren Jahren und die Möglichkeit, auf private Bibliotheken (↗ fin. 3, 7) zurückzugreifen, die neben den Hauptwerken der griechischen Philosophie wohl auch Handbücher mit nützlichen Zusammenfassungen enthielten. Zudem beherrschte er die griechische Sprache vollkommen; er las, sprach, schrieb, ja dichtete griechisch, als wäre es seine Muttersprache.

2.3 Ciceros Plan einer Gesamtdarstellung der griechischen Philosophie

Nach ‚De oratore' (55 v.), einem Dialog über die Rhetorik, orientiert am Konzept eines gründlich gebildeten und fachlich geschulten Redners, und der staatstheoretischen Schrift ‚De re publica' (54 - 51) sowie dem parallel dazu verfaßten Werk ‚De legibus' (52 - 51) schrieb Cic. wegen seiner Verwaltungstätigkeit (er war Prokonsul in Kilikien/Kleinasien und von Mai 51 bis Jan. 49 von Rom abwesend) und wegen des ebenfalls Jan. 49 beginnenden Bürgerkriegs für einige Jahre keine theoretischen Abhandlungen mehr. Der schwin-

dende Einfluß auf die Politik und vor allem Probleme im familiären Bereich, nämlich die Scheidung von seiner Frau Terentia (46) und der Tod seiner geliebten Tochter Tullia (45), ließen ihn nach neuem Lebensinhalt suchen. Er plante offensichtlich eine Gesamtdarstellung der griechischen Philosophie, die zwar weit gedieh, aber letztlich nicht zum Abschluß kam. Mit unglaublicher Energie und nicht ohne auf Vorstudien zurückgreifen zu können, brachte Cic. innerhalb von zwei Jahren, d. h. von Anfang 45 bis Ende 44, zehn Abhandlungen zur Philosophie – meist in der literarischen Form des Dialogs – zum Abschluß. Bei einem Rückblick gegen Ende dieser ungemein fruchtbaren literarischen Schaffensperiode in De divinatione 2, 1 - 4 wählte Cic. eine Reihenfolge, die nicht streng chronologisch ist, die aber etwas über den Stellenwert dieser Schriften für Cic. selbst aussagt:
An erster Stelle nennt er den ‚Hortensius', eine Aufforderung zum Studium der Philosophie, in der er wohl „das Heilmittel gegen alle den Staat zersetzenden Übel" (Grimal 442) sah. Leider ist diese Schrift nur aus kurzen Bruchstücken zu rekonstruieren. Größere Teile (auch Bücher) sind erhalten von den ‚Academici libri', in denen die Möglichkeit einer sicheren Erkenntnis – d. h. ein Problem der Logik – erörtert wird. Die ethische Schrift ‚De finibus bonorum et malorum' stellt für Cic. ein *fundamentum philosophiae* dar, über das er in fünf Büchern Klarheit schaffen will. In einem auch thematischen Anschluß daran werden Grundfragen der (stoischen) Ethik in den ‚Tusculanae disputationes' (ebenfalls in fünf Büchern) weiterverfolgt. Die dieses Werk abschließende Erörterung, unter welchen Voraussetzungen ein *beate vivere* möglich ist, werfe ein besonders helles Licht auf die Philosophie insgesamt (*totam philosophiam maxime illustrat*); ↗ BT 1 - 3.
Zur Naturphilosophie (zur sog. Physik) gehören nach antikem Verständnis drei theologische Schriften: In ‚De natura deorum' wird die epikureische und stoische Göttervorstellung dargelegt (↗ BT 5 und 6.1) und aus der Sicht der Akademie kritisch beleuchtet. In ‚De divinatione' wird die stoische Theorie der Wahrsagung erläutert (↗ BT 6.2); in der (wahrscheinlich nur zur Hälfte erhaltenen) Schrift ‚De fato' wird aus epikureischer, stoischer und akademischer Sicht die Frage nach der Determiniertheit menschlichen Handelns erörtert.
Zur Ethik werden noch die nach dem Tod der Tochter verfaßte, aber verloren gegangene ‚Consolatio' und der ‚Cato maior de senectute' gerechnet. Für einen alt und weise gewordenen Menschen wie Cato bestehe das Glück in einer abgeklärten Distanz gegenüber dem, was die Fortuna bringt. Cic. fühlt sich also vor allem zu den Fragestellungen der philosophischen Ethik hingezogen und will diese auch seinen Lesern in verständlichem Latein (↗ fin. 1, 1 - 12) nahebringen.
In dieser Übersicht fehlen die erst später verfaßten Werke: der Dialog ‚Laelius de amicitia' und das Sendschreiben an den in Athen studierenden Sohn ‚De officiis' (in drei Büchern). In B. 1/2 dieser letzten philosophischen Abhandlung schließt sich Cic. ziemlich eng an den Stoiker Panaitios (↗ E 1.5-Ende) an, ohne ihn zu übersetzen (*non interpretatus*), das B. 3 ist noch mehr seine eigene Leistung (er schrieb es *Marte nostro*: „auf eigene Faust"). Cic. stellt das Sittlich-Gute (*honestum*) und das Nützliche (*utile*) als

Motive menschlichen Handelns dar und versucht, den in seinen Augen nur scheinbaren Widerstreit der beiden Prinzipien durch die Betonung des ethischen Standpunkts zu beheben.

3. Ciceros Abhandlung De finibus bonorum et malorum

3.1 Fragestellung

Zwei Fragestellungen der Philosophie dürften Cic. besonders bewegt haben: (a) Ist – angesichts der miteinander konkurrierenden philosophischen Schulen – eine gesicherte Erkenntnis und eine in sich stimmige philosophische Position denkbar und möglich? (b) Was ist die letzte Begründung des rechten Handelns, die die *mores maiorum* zwar nicht abwertet oder überflüssig macht, die aber eine noch höhere, auch allgemein überzeugende Legitimation rechten Handelns darstellt? Die Philosophie soll zwar dem Leben eine bessere Qualität geben, indem sie etwa Widerstandskraft gegen den Schmerz und gegen Schicksalsschläge bereithält (Tusc. 2, 11 *nam éfficit hoc philosophia: medetur animis, inanes sollicitudines détrahit, cupiditatibus liberat, pellit timores*: BT 3; ausführlicher und eindrucksvoller Tusc. 5, 5 - 9: BT 1); sie soll vor allem das letzte Ziel (*finis / extremum / ultimum*) nennen, das man auch unter vorübergehendem Schmerz in einem sittlich-guten Leben erstreben soll. Wer dies erreicht, der lebt glücklich. Dann vermittelt die Philosophie eine *ars vitae* (fin. 3, 4); *omnis summa philosophiae ad beate vivendum refertur* (fin. 2, 86; ↗ S. 73 zu Sen. ep. 16, 1).

Was bietet Orientierung bei diesem Streben nach einem sittlich-guten Leben? Statt der Autorität der Götter und des Verhaltens der ihnen zugeordneten Helden wurde die **Natur** schon von den Sophisten (den Weisheitslehrern des 5. Jh.: S. 7), dann ansatzweise von Aristoteles, vor allem aber von den beiden kurz vor 300 v. gegründeten Philosophenschulen des Zenon und Epikur zum Orientierungsrahmen für die Ethik. Die Natur betrachtete man zunehmend als rational erfaßbares Ordnungsgefüge; besonders überzeugend hat die Stoa die Natur zum Bezugspunkt ihres Denkens gemacht (↗ BT 6.1).

Darüber wollte Cic. den interessierten Römer informieren und ihm eine klare Unterscheidung ermöglichen. Es ist auffällig, daß Cic. die Verbindung der Ethik mit den Impulsen der *natura* hervorhebt, und zwar auch dann, wenn sie – wie z. B. im Epikureismus – nicht so deutlich vorgegeben war.

Die Natur ist Maßstab für richtiges Handeln, zugleich strebt der Mensch letztlich nach dem wahrhaft Guten, und zwar um seiner selbst willen (*per se / propter se expetere*). Dies ist aus Cic.' Sicht nicht nur für die Ethik, sondern für die Philosophie überhaupt die grundlegende Frage (↗ fin. 5, 15 und Tusc. 4, 82). Wenn die verschiedenen philosophischen Schulen zwischen Gütern (*bona*), dem alleinigen Guten (*solum bonum*) und dem höchsten Gut (*summum bonum*) unterscheiden, so wird dabei ihr Eigenprofil gut erkennbar. Es kann aber nicht nur darum gehen, dieses Gut theoretisch zu definieren, es muß auch ein Bezug zur Lebenspraxis hergestellt werden. Wenn das Handeln letzten Endes auf dieses Gute als den *finis bonorum* bezogen ist, dann kann auch das Leben dieses Menschen „gut" genannt werden.

In jedem Fall muß dieses Gute erst erkannt werden, und dies ist am ehesten den philosophisch interessierten Menschen (~ den *sapientes*) möglich. So entfaltet die philosophische Ethik der Griechen, der Cic. in fin. ja folgt, keine Anweisung für jedermann. (Die darin liegende Gefahr des Elitären sahen die sog. kynisch-stoische Popularphilosophie, die im Hellenismus und in der römischen Kaiserzeit in leicht faßlichen Vorträgen engumgrenzte philosophische Themen – meist ethischen Inhalts –, in sog. Diatriben, behandelte, und vor allem das frühe Christentum; beide wollten in bewußtem Gegensatz dazu eine Philosophie und Ethik „für jedermann" anbieten). Cic. schreibt auch für den Noch-Nicht-Weisen, da sich bei ihm die Einsicht in die philosophische Ethik noch entwickeln kann. Die Nicht-Weisen (*in-sipientes* bzw. *stulti*) kommen dagegen wenig in den Blick (so z. B. fin. 1, 59. 61; 3, 60 f.). Sie können offensichtlich kaum zwischen dem Sittlich-Guten (*honestum*) und dem Sittlich-Schlechten (*turpe*) unterscheiden. Der Weise ist dazu in der Lage; er fühlt sich vom Sittlich-Guten angezogen und reflektiert wenig über das Sittlich-Schlechte. Wenn ihn aber ein Unglück schicksalhaft trifft, so wird der um Weisheit Bemühte Strategien entwickeln, die ihn seinen Weg zum Sittlich-Guten konsequent verfolgen lassen.
Wenn der Weise das Gute erreicht und sein Leben davon bestimmt sein läßt, dann führt er ein glückliches Leben. Die *vita beata* selbst wird von Cic. in fin. nur kurz angesprochen (z. B. 1, 62. 71; 3, 28. 75 f.; 5, 95) und ist nicht zentrales Thema seiner Darlegungen; vgl. 5, 23 *Quaerimus autem, non quae (vita beata) sit, sed unde sit.* Es ist aber sonst ein Hauptthema der Philosophie (2, 86), das später Seneca und Augustinus in eigenen Schriften (‚De vita beata' bzw. ‚De beata vita'; ↗ zu Sen. epist. 16, 1) behandeln. Cic. geht es also eher um die grund-legende Frage der philosophischen Ethik, nämlich – wie es auch der Werktitel zeigt – um die Güterlehre, speziell um das höchste Gut und um eine sich daran orientierende Lebensgestaltung.

3.2 Literarische Gestaltung

Während Karneades (↗ S. 9) 6 Definitionen des *finis bonorum et malorum* unterschied (fin. 5, 20 f.) und Cic.' gelehrter Zeitgenosse Varro gar 288 (Augustinus, De civitate Dei 19, 1), reduzierte Cic. seine Darstellung auf die epikureische, stoische und peripatetische Position (↗ fin. 1, 3 und 5). Dazu bot er jeweils einen Lehrvortrag (*oratio perpetua*), wie er damals in der akademischen Schule üblich war. Als Vortragende wählte er jeweils Römer, die als Anhänger dieser philosophischen Richtung bekannt und glaubhaft waren. Die Verteilung auf verschiedene Redner sollte dem Leser die Unterscheidung und Entscheidung erleichtern. Dem genaueren Abwägen dient auch die Hinzufügung kritischer Bewertungen (B. 2 und 4 bzw. das letzte Fünftel von B. 5); die vergleichsweise kurze Kritik beim Peripatos läßt erkennen, welche Position Cic. selbst am meisten einleuchtete. – Lehrvortrag und kritische Aussprache gewinnen durch die szenischen Einleitungen am jeweiligen Buch-Anfang und gelegentliche Zwischengespräche bzw. kurze Gespräche am Buch-Ende an Lebendigkeit und erhalten somit den sog. Sitz im Leben.

Das Werk wurde im Mai und Juni des Jahres 45 v. verfaßt; die erzählten Dialoge sind aber – wie öfters bei Cic. – in eine frühere Zeit verlegt, u. zw. nicht in ein Jahr (wie bei De oratore, in De re publica und in De natura deorum), sondern auf drei verschiedene Jahre:
B. 1/2 setzt man ins Jahre 50 v., da hier Torquatus (↗ zu 1, 13) als unmittelbar vor seinem Amtsantritt stehend geschildert wird (2, 74);
B. 3/4 spielt während einiger freier Tage (3, 8 *ludis commissis*) im Jahre 52 v., weil ein damals von Pompejus in seinem dritten Konsulatsjahr eingebrachtes Gesetz als ganz neu erwähnt wird (3, 1);
B. 5 findet angeblich im Jahre 79 v. in Athen statt, als sich Cicero dort mit einigen Freunden zu Studienzwecken aufhielt (5, 1 ff.).

3.3 Weiterleben

Eine durch Zitate belegbare Wirkungsgeschichte von ‚De finibus bonorum et malorum' in späteren Jahrhunderten ist noch kaum erforscht. – Wenn Augustinus i. J. 386/7 in Cassiciácum bei Mailand mit philosophisch interessierten Freunden über das Problem *de finibus bonorum et malorum* sprach und man vor allem die Position des Epikur kritisch beleuchtete (Confessiones 6, 26), so bezog man sich sicherlich auf Ciceros Abhandlung. In ‚De civitate Dei' 19, 1 - 4 bestreitet Augustinus, daß der *finis bonorum et malorum* in dieser Welt überhaupt erreichbar ist (↗ BT 8).
In der christlich orientierten Philosophie des Mittelalters sprach man weniger vom *finis bonorum* als vom *summum bonum* und setzte es mit Gott gleich. Die innerweltliche Blickrichtung von Cic.' Abhandlung fand wohl am ehesten als materialreiche Vorstudie Beachtung. Als viele Jahrhunderte später René Descartes, der bedeutendste Philosoph des Rationalismus, in einem (Lehr-) Brief von 1647 eine Übersicht über mögliche Definitionen des höchsten Gutes gab, orientierte er sich daran, „wie die alten Philosophen davon gesprochen haben". Die Bezugnahme auf Cic.' Abhandlung ist zwar nicht nachzuweisen, aber wahrscheinlich.

4. Seneca

4.1 Senecas Leben

(lesenswert: L. Friedländer, Der Philosoph Seneca, jetzt in: WdF 95 - 148; vgl. G. Maurach, Einleitung [1987]; in: WdF 7 - 26)

Senecas Vater, L. Annaeus Seneca d. Ä., war römischer Ritter (ca. 55/50 v. - ca. 40 n.) und stammte aus der spanischen Stadt Corduba (Cordova), die weitgehend romanisiert war; er hielt sich mehrmals für längere Zeit in Rom auf. Er war Sachwalter oder Beamter, im Alter widmete er sich der Schriftstellerei. Wir besitzen von ihm nur ein im höchsten Alter geschriebenes, lückenhaft erhaltenes Buch, in dem er auf Wunsch seiner drei Söhne die berühmtesten Redner und Rhetoren (Redelehrer) der Augustus-Zeit, die diese nicht mehr selbst gehört hatten, durch zahlreiche Mitteilungen aus Übungsreden, sog. Deklamationen, charakterisierte. Von diesen Söhnen war Novatus bzw.

nach seiner Adoption Gallio 52 n. Chr. Konsul und dann Prokonsul von Achaia; er weigerte sich, den Streit zwischen dem Apostel Paulus (↗ zu 41, 2) und der Juden-Gemeinde von Korinth zu schlichten (Apostelgeschichte 18, 12 -17). Seneca (d. J.) widmete dem Novatus die Schriften ‚De ira' und ‚De vita beata'. Dieser schlug wie sein Bruder (der Philosoph Seneca) die Senatorenlaufbahn ein, Mela dagegen trat in den den Rittern vorbehaltenen kaiserlichen Verwaltungsdienst ein; sein Sohn Lucan (39 - 65) war Dichter; von seinen zahlreichen Werken ist nur das unvollständige Epos ‚Pharsalia' (in den Handschriften ‚Bellum civile': zwischen Pompejus und Cäsar) erhalten geblieben.

Der Philosoph L. Annaeus SENECA wurde wenige Jahre (ca. 4) v. Chr. in Corduba geboren und schon als Knabe zur Erziehung nach Rom gebracht. Neben der Rhetorik wandte er sich früh der Philosophie zu, besonders einer römischen Schule der Stoiker, den Sextiern; diese verfolgten bei ihrer Beschränkung auf die Ethik eine mehr praktische Richtung mit täglicher Rechenschaftsablage (Gewissenserforschung; ↗ zu 16, 2) und Enthaltung von Fleischgenuß. Seneca übte zeitweise eine streng asketische Lebensweise mit vegetarischer Ernährung, gab diese aber etwa nach einem Jahr bis auf Einzelheiten wieder auf: Enthaltung von Wohlgerüchen, Wein, warmen Bädern (↗ zu 51, 6) und Leckerbissen. Noch in den letzten Jahren bestand seine Mahlzeit oft aus trockenem Brot; sein Bett war äußerst hart.

Als junger Mann war er längere Zeit – wohl aus Gesundheitsgründen: er litt an chronischen Katarrhen und damit verbundenen Fieberanfällen, die man mit Seefahrten zu kurieren versuchte – in Ägypten, wo damals die Schwester seiner Mutter als Frau des Präfekten lebte (↗ zu 51, 3 und 13). Ab ca. 32 n. war Seneca wieder in Rom und betätigte sich als Sachwalter (Redner). Er erhielt gegen Ende von Tiberius' Regierung (14 - 37) auf Vermittlung seiner damals verwitweten Tante die Quästur und damit den Sitz im Senat. Seine gefeierte Beredsamkeit erregte angeblich die Eifersucht Caligulas (37 - 41) so sehr, daß dieser ihn töten lassen wollte; nur die Bemerkung, Seneca werde ohnehin bald an Schwindsucht sterben, habe ihn begütigt. Unter Claudius (41 - 54) schloß sich Seneca den Caligula-Schwestern Julia Livilla († 42) und Agrippina d. J. (ca. 16 - 59) an – zum Ärger der Messalina, der damaligen (dritten) Gemahlin des Claudius. Beim Prozeß gegen Livilla wurde Seneca in ihren Fall verstrickt: Wegen eines angeblichen Liebesverhältnisses zu ihr wurde er auf Messalinas Betreiben nach Korsika verbannt (41 - 49). Obwohl er in einer der römischen Städte an der Ostseite mit einem treuen Freund in erträglichen Verhältnissen lebte, kam er sich wie lebendig begraben vor. Er verfaßte damals wohl die/einige Tragödien, sicher die zwei Trostschriften ‚Ad Helviam matrem' und ‚Ad Polybium', einen kaiserlichen Freigelassenen.

Nach Messalinas Hinrichtung wurde Seneca 49 auf Betreiben der Agrippina – der Mutter des späteren Kaisers Nero von ihrem ersten Mann und derzeit der (vierten) Gemahlin ihres leiblichen Onkels, des Kaisers Claudius – zurückberufen. Seneca übernahm die rhetorische Ausbildung des jungen Nero (* 37) und wurde Prätor; er verfaßte wohl damals die drei Bücher ‚De ira'. Mit Neros nominellem Regierungsantritt (54) wuchsen seine politische Wirksamkeit – er dominierte im *consilium principis* (dem geheimen Rat) mit seinem Freund, dem Prätorianerpräfekten Afranius Burrus – und sein Vermögen (angeblich auf 300 Millionen Sesterzen; er besaß prächtige Gärten und Villen). Die ersten fünf Jahre Neros galten auch später als besonders glückliche Zeit, in der er wohl das Nero gewidmete Werk ‚De clementia' schrieb. Als dann Nero 59 persönlich die Regierung übernahm und 62 Burrus starb, erbat der jetzt weitgehend ohnmächtige Seneca den Rücktritt (vgl. die Szene in Tacitus' Annalen 14, 53 - 56). Er lebte darauf, im uneingeschränkten Besitz seines Vermögens, dessen Rückgabe er Nero angeboten hatte, aber gänzlich zurückgezogen, in höchster Einfachheit auf seinen Besitzungen bei Rom und in Kampanien (↗ ep. 51) ganz der Schriftstellerei (s. u.). Damals quälten ihn neben Fußgicht intermittierende Herzschmerzen („Herzbeklemmung"), welche die Ärzte eine „Vorübung des Todes" nannten. 65 wurde die sog. Pisonische Verschwörung (vgl. Tac. ann. 15) aufgedeckt: Damals hatten sich mehrere Männer und Frauen zum Sturz Neros verschworen; die Mehrzahl wollte den C. Calpurnius Piso zum Kaiser machen, einige sollen an Seneca gedacht haben. Senecas Mitschuld ist nicht erwiesen, er mußte aber – wie seine Brüder und sein Neffe – sterben und gab sich selbst den Tod, über den Tacitus (ann. 15, 63 f.) ausführlich berichtet (Öffnen der Pulsadern – Gift – Erstickung im Dampfbad: vgl. das Bild von P. P. Rubens in der Münchner Pinakothek: S. 70). Er trug den Tod gelassen nach dem Vorbild des verehrten Sokrates; nur seine (zweite) Frau Paulina überlebte.

4.2 Senecas Werke

Seneca zählt zu den Stoikern (↗ E 1.5), die bei ihm *nostri* (z. B. ep. 74, 17) heißen; er läßt aber auch andere Philosophen gelten: er zitiert oft Epikur (↗ zu 16, 7) und andere Philosophen, ohne Eklektiker zu sein. Bekenntis zur Stoa und selbständiges Urteil sind für ihn keine Gegensätze; er erlaubt es sich *et invenire aliquid et mutare et relinquere; non servio illis (~ Stoicis), sed assentior* (ep. 80,1). Seine *humanitas* (z. B. ep. 47 über die Sklaven, ep. 7 über die Gladiatorenspiele) wird zu Recht gerühmt. In seinen ethischen Grundsätzen zeigt er eine gewisse Nähe zum Christentum (↗ S. 86 zu ep. 41, 1/2).
Senecas Werke gliederte Quintilian, der ca. 95 n. das wichtigste Werk über Rhetorik seit Cicero herausgab, die ‚Institutio oratoria' in 12 Büchern, in *orationes, poëmata, epistulae, diálogi* (inst. 10, 1, 129):
1. *orationes:* die (verlorenen) Reden seiner Sachwaltertätigkeit.
2. *poëmata:* Seneca verfaßte neun Tragödien nach griechischen Vorbildern; es ist umstritten, ob sie für die Bühne oder für die Rezitation bestimmt waren (↗ dazu auch E 4.3-Ende). Außer einigen (vielleicht echten) Epigrammen (vgl. dazu Sørensen 106 - 113) schrieb er noch die sog. ‚Apokolokyntosis', eine Veräppelung der Apotheose des Kaisers Claudius (nach dessen Tod 54), die am besten erhaltene Menippeische Satire.
3. *epistulae:* Die ‚Epistulae morales ad Lucilium' zeigen äußerlich eine deutliche Nähe zu echten Briefen (Eingangs- und Schlußformel – Anknüpfung an Mitteilungen des Lucilius oder an Erlebnisse Senecas); sie werden aber

heute fast durchweg als fiktive Briefe angesehen. Sie sind mit dem Ziel der philosophischen Unterweisung geschrieben (nach gängiger Auffassung 62 - 64) und nehmen insgesamt an Umfang zu (bis ca. 20 Seiten). Diese Unterweisung ist nicht systematisch; es geht Seneca vor allem um die Einflußnahme auf den Leser, der ermahnt, aufgerüttelt oder bestärkt werden soll. Seneca ist sein Lehrer, aber auch Mitlernender; die Bildung des Lucilius (zur Person s. u.) ist auch Selbsterziehung des Seneca. Lucilius als Person tritt im zweiten Teil der Briefe, ab ca. ep. 83, stark zurück. Philosophie soll nicht doziert, sondern nahegebracht werden. Dem dienen auch die rhetorischen Mittel, die als Instrument der Seelenleitung und Willensschulung eingesetzt werden. Das führt zu einem pointierten Stil mit vielen geschliffenen Wendungen (Caligula nannte dies spöttisch „Sand ohne Kalk“: Sueton, Caligula 53, 2) und bedeutete für Quintilian einen Abfall von seinem Ideal der wohlgebauten ciceronischen Perioden. Doch eignen sich gerade die kurzen Sätze gut zum Memorieren. (Zu Senecas Stil vgl. die Aufsätze von Braun und Currie: WdF 200 - 227). Die 124 uns erhaltenen Briefe wurden bereits in der Überlieferung zu 20 Büchern vereinigt; die gängige Einteilung in Paragraphen erfolgte erst um die Mitte des 19. Jahrhunderts.

4. Die zehn *dialogi* sind von der Form her eher Traktate oder Essays. Inhaltlich behandeln sie vor allem Fragen der stoischen Philosophie, etwa: ‚De providentia‘, ‚De constantia sapientis‘, ‚De ira‘, ‚De vita beata‘, ‚De otio‘, ‚De tranquillitate animi‘, ‚De brevitate vitae‘; drei sind Trostschriften. Ihre Entstehungszeit ist z. T. umstritten. Zu den philosophischen Schriften gehören z. B. auch die sieben Bücher ‚De beneficiis‘ und viele verlorene (etwa ‚De superstitione‘; ↗ S. 86 zu ep. 41,1).

Die 62 - 65 verfaßten Schriften widmete Seneca seinem jüngeren Freund LUCILIUS, einem römischen Ritter aus der Umgebung von Pompeji, der 63/64 *procurator,* also kaiserlicher Finanzbeamter, auf Sizilien war. Lucilius war vom Epikureismus geprägt, aber für stoische Lehren aufgeschlossen; ein uns z. T. erhaltenes Gedicht über den Ätna dürfte von ihm geschrieben sein.

Senecas Spätwerk umfaßt neben den Briefen den „Dialog“ ‚De providentia‘, der das Problem der Vorsehung behandelt (wie schon Cic., nat. deor.; ↗ zu ep. 74, 10), und das von Poseidonios (↗ E 1.5) beeinflußte Werk ‚Naturales quaestiones‘ in sieben Büchern; dieses befaßt sich u. a. mit Gewittern, Gewässern, Niederschlägen, Winden, Erdbeben, Kometen und betont die ethische Relevanz dieser naturphilosophischen Themen oft (↗ S. 89 zu ep. 107, 10).

Die gegen Seneca schon in der Antike erhobenen Vorwürfe wegen seines Reichtums und seines Verhältnisses zu den Mächtigen spielen für das Spätwerk und damit auch für die Briefe keine entscheidende Rolle; sie waren auch in dieser Zeit (62 - 65) weitgehend gegenstandslos geworden.

4.3 Nachwirkung

(vgl. u. a. Sørensen 258 f. und 289 f.)

Seneca gehört trotz immer wieder geäußerter Kritik zu den großen Autoren der Weltliteratur. Die literarischen Urteile der Antike über ihn sammelte

W. Trillitzsch (Amsterdam 1971); die christlichen Autoren schätzten ihn wegen der Nähe vieler seiner Gedanken zu ihrer Lehre; so sagt etwa Laktanz (4. Jh. n.) in seinem Hauptwerk ‚Institutiones divinae' 1, 5, 26 *quam multa alia de deo nostro* (~ *Christiano*) *nostris similia locutus est.* Senecas Ruhm in der Spätantike und am Anfang des Mittelalters beruht wesentlich auf dem angeblichen Briefwechsel mit dem Apostel Paulus (↗ S. 86 f. zu ep. 41, 2). Im Mittelalter war er der Weise schlechthin, dem man sogar magische Kräfte zuschrieb. Er war lange Zeit eher eine legendäre als eine historische Gestalt; man trennte übrigens zwischen dem Tragödiendichter und dem Philosophen, von dem man den Vater nicht unterschied. In der Renaissance wurde er wiederenteckt – auch wegen der jetzt besseren Kenntnis des Tacitus. 1475 wurden seine philosophischen Schriften gedruckt, 1484 seine Tragödien. In diesem Jahr wurde seine ‚Phaedra' auf dem Forum in Rom aufgeführt. 1551/2 seine ‚Troades' am Trinity College in Cambridge. Senecas Tragödien wurden „zur großen literarischen Inspiration für das englische Renaissancedrama" (vgl. Shakespeare, Hamlet II 2), waren wichtig für das spanische Renaissancedrama, für das deutsche Barocktheater und vor allem für die klassizistische französische Tragödie (z. B. für Corneille: † 1684).

Als Philosoph sprach Seneca besonders die Humanisten der Renaissancezeit an: Erasmus schuf erste textkritische Ausgaben von ihm (daraus stammt etwa die heute akzeptierte Lesart *pondere* statt *pondera*: ep. 41, 7); Justus Lipsius unterschied in seiner Ausgabe von 1605 bereits Seneca Vater und Sohn. Im 16. Jh. schätzten ihn u. a. die Reformatoren Zwingli und Calvin (letzterer hielt ihn für den Höhepunkt römischer Philosophie und Redekunst und schrieb einen Kommentar zu ‚De clementia') sowie Montaigne († 1592), der sich von ihm bei seinen Essays anregen ließ. Später befaßten sich eingehend mit ihm Descartes († 1650), der einen Kommentar zu ‚De vita beata' schrieb, und Rousseau († 1778), der die ‚Apokolokyntosis' übersetzte. Im 19. Jh. trat Seneca hinter den griech. Autoren zurück, doch hob Schopenhauer († 1860) seine „energischen, geistvollen und durchdachten Schriften" ab von den „platten Schulübungen" der früheren Stoiker (↗ S. 79). Vor 30 Jahren erlebte Seneca als Tragödiendichter „eine zweite Renaissance": 1967 wurde ‚Thyestes' in Italien, ‚Medea' in Frankreich auf die Bühne gebracht, 1968 eine Version des ‚Oedipus'. Auch in Deutschland vermag man Seneca seit einigen Jahrzehnten wieder unvoreingenommen(er) zu sehen und zu würdigen. Eine entsprechende Auswahl aus den Briefen im Artemis-Verlag nennt sich „Seneca für Manager" (Zürich ^{11}1990); als Ergänzung dazu erschien im selben Verlag 1993 von G. Fink: Seneca für Gestreßte. Sentenzen aus den Kleinen Dialogen. Im November 1993 wurde die Tragödie ‚Troas' (früherer Titel ‚Troades' nach dem Chor der Trojanerinnen) in München unter der Regie von Wilfried Stroh dreimal mit großem Erfolg gespielt, wozu auch eine zweisprachige Ausgabe mit einem eindrucksvollen Anhang herausgebracht wurde. Zu weiteren Beispielen der Nachwirkungen des 20. Jh. ↗ zu 107, 11 und zu 1, 3. Die in den Briefen sichtbare Weisheit ist ja auch für die Nachwelt bestimmt: *posterorum negotium ago* (ep. 8, 1).

4.4 Gedanken zu einem Vergleich Seneca – Cicero

Seneca zeigt gegenüber Cicero mehrere Verschiedenheiten:
– er wirkte in der Kaiserzeit; er fühlte sich zwar auch als Senator, der Gedanke, im Volk eine politische Kraft zu sehen, lag ihm aber fern; Ciceros politisches Ziel einer *concordia omnium* (*ordinum*) und der republikanischen Freiheit war für Seneca nicht mehr zeitgemäß;
– er war in höherem Maße als Cicero ein eigenständiger Philosoph;
– er schrieb Tragödien, hat sich aber nicht in größeren Werken über Rhetorik geäußert; im übrigen ist von seinen Reden nichts erhalten; Senecas Bedeutung beruht auf seinen Tragödien und vor allem auf seinen philosophischen Schriften, die von Cicero auf seinen philosophischen Schriften und vor allem auf seinen Reden;
– er schrieb im Stil der „silbernen Latinität": er huldigt dem „Stakkato-Stil der Zeit" (O. Regenbogen), nicht Ciceros kunstvoller Periode (↗ E 4.2.3).

Es lassen sich aber auch zahlreiche Entsprechungen feststellen. Beide
– hatten Väter, die die geistige Ausbildung der Söhne sehr förderten;
– vertieften ihre philosophisch-rhetorischen Studien durch Bildungsreisen;
– spielten, obwohl sie keine gebürtigen Stadtrömer waren, eine bedeutende Rolle im politischen und besonders im geistigen Leben ihrer Zeit;
– erlebten einen fast schwindelerregenden politischen Aufstieg, doch auch schwere Niederlagen in ihrer Laufbahn (Verbannung), ja schließlich das Scheitern ihrer wichtigsten Ziele (eines idealen Alleinherrschers: ‚De clementia' – der idealen Republik) und einen gewaltsamen Tod, den sie standhaft ertrugen;
– verfaßten philosophische Werke, die auf griechische Philosophie zurückgehen, huldigten aber keinem starren Dogmatismus (Seneca war Stoiker, setzte sich aber mit dem Gedankengut anderer Philosophenschulen auseinander, das er zu einer eigenständigen Philosophie verschmolz – Cicero fühlte sich zur Akademie, z. T. zur Stoa hingezogen, war aber mehr Eklektiker);
– bemühten sich um die Ausbildung einer philosophischen lateinischen Sprache (Seneca konnte dabei schon auf bedeutenden Ansätzen Ciceros aufbauen);
– waren hervorragende Stilisten, wenn auch mit verschiedener Akzentuierung, und vielfältig literarisch tätig;
– betonten den Gedanken der *humanitas* in ihren Schriften, Seneca etwa in ep. 47 (über die menschliche Behandlung von Sklaven) oder in ep. 7 (über die unmenschlichen Gladiatorenspiele) – Cicero etwa in seinem Brief an seinen Freigelassenen Tiro (fam. 16, 4) oder Tusc. 2, 41 (*crudele gladiatorium spectaculum et inhumanum nonnullis videri solet*);
– erfuhren verschiedene Beurteilung bei Zeitgenossen und bei der Nachwelt (bei all ihrer bedeutenden Nachwirkung): man spielte Leben und Werk gegeneinander aus.

KOMMENTAR

CICERO, DE FINIBUS BONORUM ET MALORUM

De finibus bonorum et malorum: Eine Übertragung der in der griechischen Ethik häufig erörterten Frage περὶ τέλους (*perì télūs*); Epikur widmet ihr eine eigene (allerdings verlorene) Abhandlung.
Finis (= τέλος/*télos*) wird laufend mit *extremum* und *ultimum* gleichgesetzt. Auf den *finis bonorum* müssen alle guten Handlungen ‚letzten Endes' bezogen sein (↗ 1, 11). Es ist für den Menschen das letzte bzw. höchste zu erstrebende Ziel ethischen Handelns, *finis rerum expetendarum* (2, 6). Mehrfach ersetzt Cic. *finis bonorum* durch *summum bonum* und *finis malorum* durch *summum malum.*

Das Proömium (fin. 1, 1 – 12): Philosophie und philosophische Ethik in lateinischer Sprache?

Im Proömium des Gesamtwerkes erörtert Cic. eher grundsätzlich die Bedenken seiner Zeitgenossen gegenüber der Philosophie und ihrer Vermittlung in lateinischer Sprache – ein Problem, vor das er sich bei seinen philosophischen Abhandlungen immer wieder gestellt sah. Für fin. 1 / 2, fin. 3 / 4 und fin. 5 formuliert er dann jeweils eine eigene szenische Einleitung.

1 (*M. Iunius*) **Brutus** (85 - 42 v.): Ihm widmet Cic. auch seine philosophischen Werke ‚Tusculanae disputationes' und ‚De natura deorum', sowie seine Geschichte der römischen Beredsamkeit (‚Brutus de claris oratoribus').
Brutus, der aus angesehenem alten Adelsgeschlecht stammte, stand in der Schlacht bei Pharsálus (48) auf Pompejus' Seite. Dennoch machte ihn der siegreiche Cäsar für 44 zum Praetor urbanus. In dessen Alleinherrschaft sah Brutus aber eine große Gefahr für die Republik und stellte sich an die Spitze der Cäsarmörder. Nach der gegen Antonius verlorenen Doppelschlacht bei Philippi/Griechenland beging er Selbstmord.
Sein Interesse für die Philosophie, vor allem für die Stoa, weckte sein Onkel und Vormund M. Porcius Cato (↗ zu 3, 7). Später unternahm Brutus eine Studienreise nach Athen und wandte sich dort der Akademie zu. Er verfaßte mehrere, uns aber nicht erhaltene ethische Abhandlungen; seine Schrift ‚De virtute' widmet er Cic., mit dem er offensichtlich in regem und besonders engem Gedankenaustausch stand.
ea Latinis litteris mandaremus: Cic. betont in den philosophischen Schriften immer wieder (etwa Tusc. 1, 5), daß die „Einbürgerung der griechischen Philosophie in Rom" nur gelingt, wenn sie in gut verständlichem Latein vermittelt wird; vor allem gilt das bei der Übertragung der philosophischen Termini (vgl. 3, 15); ↗ S. 28 f. (*voluptas*) und 50 f. (*officium*).
varias reprehensiones: Gegen ähnliche Angriffe setzt sich Cic. auch im Proömium von nat. deor. 1, 5 zur Wehr.
totum hoc displicet philosophari: Die Vorbehalte gegen die griechische Philosophie hatten in Rom z. Z. Ciceros deutlich an Intensität verloren. Noch

im Jahre 155 v. waren auf Veranlassung von Cato (Censorius) athenische Philosophen aus Rom ausgewiesen worden (↗ E 2.1).

6 **nostrum iudicium et nostrum scribendi ordinem adiungimus**: Cic. referiert nicht nur, sondern hat sich über die vorgestellten philosophischen Positionen ein eigenständiges Urteil gebildet und „eine seinen eigenen Maßstäben entsprechende literarische Form der Darstellung gesucht“ (Patzig 309).

splendide dicta: Cic. denkt vor allem an seine eigenen philosophischen Werke. Vorher habe es, so meint er voller Stolz in Tusc. 1, 5, auf diesem Gebiet nichts gegeben, was literarischen Ansprüchen habe genügen können: *Philosophia iacuit usque ad hanc aetatem nec ullum habuit lumen litterarum Latinarum.*

11 **Quid est in vita tantopere quaerendum** . . .: Die Ethik hat für Cic. eine wesentlich höhere Bedeutung als Logik und Physik; ↗ S. 71 zu Sen. ep. 89, 9.

quid sequatur natura: Zur Natur als Maßstab des Handelns ↗ zu 1, 71 (*omnia hausta*) und E 3.1.

inter doctissimos summa dissensio: Karneades hatte die Lehrmeinungen über das letzte Lebensziel zusammengestellt; diese sog. *divisio Carneadis* wird in fin. oft erwähnt (↗ zu 5, 6 *audistine modo* und E 3.2-Anfang).

(*dignitas,*) **quam mihi quisque tribuat**: Im Sommer 45, als Cic. das Werk schrieb, war „Ciceros Würde“ mehr Wunsch als Wirklichkeit.

Fr Mit dem Proömium soll nach den Vorstellungen des Redners Cicero das Interesse und das Wohlwollen des Zuhörers geweckt werden. Ist das auch im Proömium zu fin. erkennbar Ciceros Absicht?

fin. 1: Die Ethik der epikureischen Schule

Ciceros Quellen

Erste Kenntnis vom Epikureismus bekam Cic. als junger Mann durch den Epikureer Phaidros (Phaedrus; † 70 v.), der ca. 90 v. bei einem kürzeren Aufenthalt in Rom Lehrvorträge gehalten hatte. Etwa zehn Jahre später hörte Cic. ein „Kolleg“ des Phaidros in Athen (↗ 5, 3). Dort interessierte er sich auch für die „Vorlesungen“ seines Vorgängers, des Zenon von Sidon, der die epikureische Schule, den sog. Kēpos, bis ca. 78 v. leitete. Bei der Darstellung der epikureischen Physik und Logik in fin. 1, 16 beruft sich Cic. auf diese beiden ihm persönlich bekannten Epikureer.

Urteile über Epikurs Stil (↗ zu 14 *orationis ornamenta*) legen es nahe, daß Cic. seine Schriften, besonders die ‚Kýriai dóxai‘, gelesen hat. Gigon 422 vermutet, Epikurs Abhandlung über die letzten Ziele ethischen Handelns (Περὶ τέλους/*Perì télūs*) sei Cic.’ Hauptquelle bei seiner Darlegung der Lustlehre in 1, 29 - 57.

Dagegen erwähnt Cic. das epikureische Lehrgedicht ‚De rerum natura‘ des Lukrez († 55 v.) nicht, obwohl er es postum herausgab. Dieses behandelt neben seinem Hauptthema der Physik auch ethische Fragen, nämlich die Befreiung von der Todesfurcht oder von der Angst vor den Göttern.

1. Szenische Einleitung und Vorgespräch (13 - 28)

L. Torquato: Der damalige designierte Prätor L. Manlius Torquatus trägt Epikurs Position nicht deshalb vor, weil er ein namhafter Epikureer gewesen wäre. Cic. schätzte ihn wegen seiner Bildung (1, 13) und seines Gedächtnisses (2, 113). Im übrigen will er ihn als einen überzeugten Republikaner ehren. Er hatte ein Jahr vor der Abfassung von fin. nach Cäsars Sieg bei Thapsus in Nordafrika 46 v. Selbstmord begangen.
Zum Zeitpunkt des Gesprächs ↗ S. 17.
C. (*Valerius*) **Triarius**: Diesen jungen Stoiker (2, 119) – in fin. 1/2 eine Nebenfigur – achtete Cic. wegen seines philosophischen Interesses. Als Anhänger des Pompejus starb er im Bürgerkrieg.
14 **Cumanum**: Von Cic.' Landgut (nördlich vom Golf von Neapel) haben sich keine Überreste erhalten.
de litteris, quarum summum erat in utroque studium: Das Interesse von beiden galt weniger der Literatur als Fragen der Philosophie.
nacti te . . . sumus aliquando otiosum: Am 24. Nov. 50 v. war Cic. nach seinem Prokonsulat in Kilikien (Kleinasien) in Italien gelandet und erlebte die wachsenden Spannungen zwischen Cäsar und Pompejus. Er versuchte auch, durch persönliche Gespräche den drohenden Bürgerkrieg aufzuhalten (wovon die Briefe genau berichten). Der Ausdruck *otiosum* geht aber mehr darauf, daß er nach seinen militärischen „Erfolgen" in Kilikien Rom nicht betreten durfte, um sein „Anrecht" auf den vergeblich erhofften Triumph nicht zu verspielen; er hatte also keine eigentlichen Amtsgeschäfte.
Epicurum nostrum non . . . oderis, . . . sed certe non probes: ↗ S. 41.
unum vidisse verum: ↗ zu 32 (*ab illo inventore veritatis*).
maximisque erroribus animos hominum liberavisse: Die aufklärerische Befreiung von *error* durch *sapientia* ist Epikurs wichtigstes Ziel; er bekämpft vor allem falsche Todes- und Götterfurcht. – Zur Kritik am *error voluptatem accusantium* ↗ zu 32.
Aristoteli, Theophrasti: ↗ zu 5, 7 (*omnis sermo*).
orationis ornamenta neglexerit: Epikur wollte seine Lehre nicht in kunstvoll gestalteten Dialogen und Diskursen weitergeben. *Contemnit (Epicurus) enim disserendi elegantiam* (2, 27). Er bemühte sich, seine Philosophie – abgesehen von drei erhaltenen Lehrbriefen – in präzisen Sentenzen zusammenzufassen, besonders in den sog. Kýriai dóxai („entscheidende Lehrsätze"); sie wurden als *gravissimae ad beate vivendum breviter enuntiatae sententiae* (2, 20) von den Anhängern auswendig gelernt. Bei Cic. erweckt dieser knappe Stil den Verdacht, Epikur könne nicht *plane et aperte loqui* (2, 15); ja er urteilt polemisch: *confuse loquitur* (2, 27).

Fr In welchen Formulierungen wird der dogmatische Charakter der Lehre Epikurs erkennbar?

2. Voluptas als summum bonum (29 - 54)

2.1 Epikurs ethischer Grund-Satz und seine Herleitung (29 - 31)

(vgl. Ciceros Kritik in 2, 31 - 47)

29 **extremum et ultimum bonorum** ~ *finis bonorum*; ↗ S. 23 oben.
summum bonum . . . summum malum: In dieser Gegenüberstellung klingt der Titel des Werkes an. Er paßt besonders gut zur Struktur der epikureischen Ethik; in Cic.' Darstellung der stoischen und peripatetischen Ethik wird das *summum malum* wenig reflektiert.
voluptas . . . dolor: Zur Klärung der beiden Begriffe ↗ 37 - 41.

30 **Omne animal, simulatque natum sit**: Die epikureische Ethik geht von einem empirisch feststellbaren Verhalten aus, das der Mensch am Anfang des Lebens mit den Tieren gemeinsam hat (vgl. Epik. frg. 7). Beim ersten Streben der Lebewesen setzt auch die Ethik der stoischen Schule an; ↗ 3, 16.
(*animal*) **nondum depravatum** . . .: Die so aufschlußreichen natürlichen Verhaltensweisen würden erst durch spätere Fremdeinflüsse der Sozialisation und Enkulturation verfälscht; ↗ zu 71 (*omnia hausta*).
negat opus esse ratione: Der ethische Grund-Satz ist unmittelbar (d. h. ohne theoretische Überlegungen) einsichtig und ergibt sich aus der Sinneswahrnehmung (*sentiri*). Die daraus gewonnene Einsicht ist wahr; aus ihr können gültige Lebensregeln abgeleitet werden; ↗ 64. Man braucht aber die Vernunft zur richtigen Anwendung des einmal erkannten ethischen Grund-Satzes; ↗ 32 f. In seiner Kritik (2, 36 - 38) betont Cic.: Nur die Vernunft könne einen verläßlichen Hinweis auf das *summum bonum* geben, das nicht mit Schmerzlosigkeit oder Lust zu umschreiben sei. Aus stoischer Sicht formuliert Cic.: *Statuet (ratio) nihil esse bonum nisi honestum, nihil malum nisi turpe* (2, 38).

Fr 1. Nehmen Sie Stellung zu modernen Versuchen, ausgehend von Ergebnissen der Verhaltensforschung (Ethologie), die auf empirischen Beobachtungen basieren, eine Ethik, d. h. eine Anleitung des Menschen zu sinnvollem und verantwortungsbewußtem Handeln, zu entwickeln!
2. Nehmen Sie zur Zuverlässigkeit von Sinneswahrnehmungen anhand von Beispielen (z. B. aus dem Bereich des Sehens und Hörens) Stellung!

2.2 Fehlhaltungen bei voluptas und dolor (32 - 33)

32 **error . . . voluptatem accusantium**: Dieser Irrtum beruht auf mangelnder Einsicht und wird Epikurs Gegnern immer wieder vorgehalten (↗ 37. 42). Ihre Kritik war oft unsachlich, hielt sich aber hartnäckig; ↗ S. 41.
ab illo inventore veritatis: ↗ die Epikur-Bewunderung in 14: *unum vidisse verum.* Hymnisches Lob auf ihn enthalten auch die Proömien des Lukrez (↗ S. 24 unten) zu B. 1, 3 und 5: *rerum inventor* (3, 9) und *qui princeps vitae rationem invenit eam, quae / nunc appellatur sapientia* (5, 9 f.).
ratione voluptatem sequi: Vgl. dazu § 129 f. von Epikurs Lehrbrief an Menoikeus über ethische Fragen: „Jede Lust ist also, da sie eine (uns?) angemessene Natur hat, ein Gut, aber nicht jede ist zu wählen; wie auch jeder

Schmerz ein Übel ist, aber nicht jeder immer zu meiden ist. Durch wechselseitiges Abmessen und durch die Beachtung des Zuträglichen und Abträglichen soll man dies alles beurteilen." Dabei berücksichtigen wir nach Epikur die Zeitsituation.

33 **occaecati cupiditate**: Wer auf dem Weg zu *voluptas* nicht der Vernunft folgt, sondern einen schnellen Lustgewinn sucht, läßt sich leicht von irrationalen Begierden, den *cupiditates*, bestimmen. Sie sind nach epikureischem (und auch stoischem) Verständnis Krankheiten der Seele (↗ 59) und dürfen nicht mit *voluptas* verwechselt werden.

facilis est et expedita distinctio: Die versuchte Unterscheidung zwischen *voluptas* und *cupiditas* ist freilich wenig einleuchtend.

Temporibus autem quibusdam: ↗ zu 32 *ratione voluptatem sequi.*

officia debita: Diese Mahnung zur Pflichterfüllung, die auch *voluptas* bringt, überrascht im Rahmen der epikureischen Ethik. Epikur selbst sagt zwar (frg. 138): „Die politische Tätigkeit soll man fliehen als eine Schädigung und den Ruin der Seligkeit", doch Sen. faßt Epikurs Haltung zur Politik so zusammen: *Non accedet ad rem publicam sapiens, nisi si quid inter-venerit* (De otio 3, 2) – d. h. Epikur selbst schließt die politische Betätigung wohl nicht grundsätzlich aus, vielleicht wegen möglicher Anerkennung und Ehre (vgl. Gigon 426). Sein Wahlspruch lautete freilich „Lebe im Verborgenen!"

Fr
1. Welche der in 32 f. geschilderten Fehlhaltungen ist heute noch bzw. heute nicht mehr zu beobachten?
2. Können *voluptas* und *cupiditas* inhaltlich so definiert werden, daß eine deutliche Abgrenzung möglich ist? (↗ auch zu 1, 45!)
3. Prüfen Sie, ob der von J. Gaarder („Sofies Welt" 161) gewählte Begriff „Lustberechnung" in diesem Zusammenhang hilfreich und sinnvoll ist!

2.3 Definition von voluptas als summum bonum (37 - 42a)

Die Vorgeschichte der Lustlehre Epikurs

Seit den **Sophisten** wird in der griechischen Ethik die Frage erörtert, ob die Lust ἡδονή/*hēdonḗ*) als letzter Orientierungspunkt menschlichen Handelns angesehen werden kann. **Arístippos** (ca. 435 – nach 366 v.) hat als erster eine Lustlehre entwickelt. Er stammte aus der reichen Stadt Kyréne an der nordafrikanischen Küste und hielt sich lange in Athen auf, wo er ein begeisterter Schüler des Sokrates wurde, oft auch auf der Insel Áigina und am Hof des Tyrannen Dionysios von Syrakus. Er wußte sich in jede Lebenslage zu schicken (vgl. Horaz, Epistel 1, 17, 23 f.), doch entsprach für ihn das Streben nach *hēdonḗ* der Natur des Menschen, ja er machte die Lust zum obersten Ziel. Diese ist ihm angenehme Erregung (nicht nur Schmerzlosigkeit), u. zw. Lust des Augenblicks (nicht der Erinnerung), wobei er die körperliche Lust höher bewertet als die geistige. Er versteht Lust als „glatte Bewegung" bzw. „sanfte Erregung", Mühsal und Schmerz dagegen als „rauhe/stürmische Bewegung" (Diogenes Laërtios 2, 86). Zum rechten Umgang mit der Lust ist auch vernünftige Einsicht (φρόνησις/*phrónēsis*) nötig, denn das Übermaß an Genuß hätte Unlust zur Folge; er pflegte zu sagen: „Ich habe sie (die Lust), nicht

sie hat mich." Einsicht ist ihm also wichtig, aber nur als Mittel zum Zweck. Damit hat er gewisse Ansätze des Sokrates (der enthaltsame Mensch lebt angenehmer als der nicht-enthaltsame) verabsolutiert und sich so denkbar weit von seinem Lehrer entfernt. Arístipp hatte einige Schüler (die sog. Kyrenáiker), es kam aber zu keiner längeren Schultradition.
Nach bzw. gleichzeitig mit Aristipp hat auch **Platon** die *hēdonḗ* intensiv untersucht, besonders im Dialog ‚Phílēbos', der die Grundfrage antiker Ethik behandelt: Ist Lust oder Einsicht/Erkenntnis das höchste Gut? Platon kennt den Begriff des reinen Vergnügens, das sich bei dem bedürfnislosen Wahrnehmen von schönen Farben, Tönen, Gerüchen, Gestalten einstellt. In seiner Schule, der Akademie, gab es dann radikale Gegner der Lust, z. B. seinen unmittelbaren Nachfolger und Neffen Speusippos († ca. 339 v.). **Aristoteles**, der die Lust keineswegs negativ sieht, unterscheidet bereits zwischen einer „Lust in Ruhe" (etwa die Art, wie die bedürfnislose Gottheit ihr Leben genießt) und der „Lust in Bewegung" (etwa bei der Erfüllung einer Begierde) – ein Begriffspaar, wie es ähnlich Epikur verwendet; vgl. Forschner (1994) 35 - 37.

Die Lustlehre Epikurs

Epikurs Lustlehre ist sensualistisch, d. h. Lust wird durch die Sinne (*sensus*) wahrgenommen, die von ihr affiziert werden (*affici*). Dadurch entsteht positiv *iucunditas* und negativ ein Freisein von *dolor. Voluptas* besteht nicht in einem kurzzeitigen angenehmen Sinneseindruck, sondern muß von Dauer sein; sie darf nicht durch Furcht vor künftigem Schmerz oder Tod gefährdet sein. 1, 47 zeigt die Gefahr eines Trugbildes der Lust (*species voluptatis*), daß nämlich Leidenschaften und Ausschweifungen eine falsche *voluptas* verheißen. Wahre *voluptas* kann erst dann erreicht werden, wenn der Brand aller *cupiditates* erstickt ist, die ihrem Wesen nach *in-satia-biles* sind (43) und eine seelische Erkrankung darstellen (59). Vgl. Hossenfelder 102 - 117 und Krämer.

Hēdonḗ und voluptas als Problem der philosophischen Fachsprache

Cic.' Kritik an der epikureischen Ethik beginnt mit einem Zweifel an Epikurs Begriff der *hēdonḗ*. Schon nach griechischem Sprachgebrauch verstand man darunter „in erster Linie die sinnlichen Genüsse des Essens, Trinkens, Liebens usw." (Hossenfelder 106). Epikurs Verständnis von *hēdonḗ* steht dem gar nicht so fern, wie Cic. in Tusc. 3, 41 f. aufzeigt: *Hēdonḗ* werde erreicht durch das Schmecken, das körperliche Umarmen, Spiele und Gesänge sowie die schönen Formen, die in unseren Augen einen angenehmen Eindruck entstehen lassen (ähnlich fin. 2, 7).
Dieses mögliche Mißverständnis von *hēdonḗ* blieb erhalten, als der Begriff mit dem lateinischen Wort *voluptas* gleichgesetzt wurde. Zur Zeit Cic.' hatte sich das offensichtlich schon eingebürgert. Unter *voluptas* verstand man auch nach lateinischem Sprachgebrauch eine eher animalische Lust; das Abstoßende des Begriffs (1, 43 *invidia verbi*) wurde von Epikurs Kritikern oft betont. Man übersah dabei aber geflissentlich, daß die *voluptates libidinosae* nach epikureischer Ansicht die wahre *voluptas* verhindern (1, 59; s. o.). Nach allgemeinem Verständnis war *voluptas* bzw. *iucundus motus* ein *perfundi quadam iucunditate* (2, 6. 8). Man könne sogar

noch genauer differenzieren zwischen einer *laetitia in animo* und einer *commotio suavis iucunditatis in corpore* (2, 13).
In 1, 37 wird fast nebenbei die recht brauchbare Definition gegeben: *omne, quo gaudemus, voluptas est* und analog dazu: *omne, quo offendimur, dolor (est)*. *Gaudium* hat sich aber nicht als Äquivalent von *hēdonḗ* durchsetzen können. Sen. hebt in epist. 59, 1 - 4. 14 - 18 das nur vom stoischen Weisen erreichbare *gaudium* von der niederen (körperlichen) *voluptas* ab; vgl. epist. 23, 1 - 6.
Dieses terminologische Problem stellt sich nochmals bei der Übersetzung von *hēdonḗ/voluptas* ins Deutsche. Hier denkt man bei „Lust" an Freude, aber ebenso an körperliches Verlangen und sinnliche Begierde. Den glücklichen Zustand ästhetischen Empfindens oder gewinnbringender Erkenntnis bezeichnen wir eher als „Freude", was dem lateinischen Begriff *gaudium* entspräche. Doch wäre der Versuch, das Wort „Lust" im Kontext der epikureischen Ethik durch „Freude" zu ersetzen, nach Hossenfelder „völlig fehl am Platze" (108). Ähnlich Forschner (1994) 33. Anders Krämer 298!

37 **error omnis imperitorum**: Dagegen hat sich bereits Epikur im Brief an Menoikeus 131 zu wehren versucht: „Wenn wir also sagen, daß die Lust das (Lebens-)Ziel (τέλος/*télos*) sei, so meinen wir nicht die Lust der Wüstlinge und die Lust, die im (bloßen) Genießen liegt, wie einige aus Unkenntnis und weil sie mit uns nicht übereinstimmen oder weil sie uns mißverstehen, meinen, sondern den Zustand, weder Schmerz im Körper noch Beunruhigung in der Seele zu empfinden."
quam continens (*disciplina Epicuri*) **sit**: Epikur begegnet dem Vorwurf, nur der Lust des Körpers zu frönen, pointiert: „Ich strotze von der Lust meines Körperchens nach dem Genuß von Wasser und Brot und spucke auf die Lustempfindung der Verschwender." (frg. 29) – In manchen Formulierungen lobt aber Epikur auch ganz ausdrücklich und ausschließlich den körperlichen Genuß und billigt das ausschweifende Leben, sofern diesem keine üblen Begleiterscheinungen folgen (Kýriai dóxai 10; Ciceros Kritik in 2, 21 - 25).
iucunditas: Darunter versteht Epikur „angenehme körperliche Bewegung" (*commotio suavis iucunditatis in corpore* – im Gegensatz zur *laetitia in animo*: fin. 2, 13) bzw. einen „angenehmen Reiz der Sinne" (2, 75 *iucundus motus in sensu*).
molestia: Sammelbegriff für alle Störungen eines unbeschwerten Lebens.
doloris omnis privatio recte nominata est voluptas: Wegnahme des Schmerzes ist nicht (völlig) gleich mit Schmerzlosigkeit. Vgl. die berühmte Stelle in Platons Phaidon (60 b/c), wo Sokrates losgebunden wird: Der Wegfall des bisherigen Schmerzes erzeugt ein Wohlbefinden, was Sokrates zu einem Mythos veranlaßt. Bei länger anhaltender Schmerzlosigkeit vergißt man den Schmerz bzw. das Lustgefühl der Befreiung.
Vgl. auch Ciceros Kritik in 2, 19 f.

38 **non placuit Epicuro medium esse quiddam inter dolorem et voluptatem**: Damit nimmt Epikur Stellung zur Ansicht der Anhänger des Aristippos von Kyrene (↗ S. 27), die die seelische Empfindung des Menschen mit drei Zu-

ständen des Meeres vergleichen, „und zwar entspreche dem sturmgepeitschten Meer die Unlust, der glatten Dünung die Lust, der Meeresstille der mittlere Zustand, in dem wir weder Lust noch Unlust empfänden". Die beiden zuletzt genannten Zustände bezeichnet Epikur als Lust, aber einmal als „Lust in Bewegung", das andere Mal als „zuständliche Lust" (Hossenfelder 102 f.). „So ist Lust sowohl das Freiwerden wie auch das Freisein von Schmerz." (Gigon 427) – Vgl. Ciceros Kritik in 2, 16 und besonders 75 - 77.

variari voluptas . . ., augeri . . . non possit: Zum Beispiel kann die Unlust des Hungergefühls durch verschiedene Speisen beseitigt, die Lust der Sättigung aber nicht gesteigert werden. Vgl. Kýriai dóxai 18: „So wie einmal das Schmerzende des Mangels beseitigt ist, mehrt sich die Lustempfindung im Fleisch nicht mehr, sondern wird bloß mannigfaltiger."

Vgl. Ciceros Kritik in 2, 10 und 75; ferner Hossenfelder 112.

40 **firmitatem animi nec mortem nec dolorem timentis**: Epikur leugnet nicht den Schmerz beim Sterben, betont aber, daß man sich nicht vor einem Leben nach dem Tod fürchten müsse, da der Mensch ja nur eine Komposition seiner Atome sei, die nach dem Tod zerfalle.

quod mors sensu careat: Vgl. Cic.' Kritik an Epikurs Testament: *Mortem nihil ad nos pertinere. Quod dissolutum sit, id esse sine sensu; quod autem sine sensu sit, id nihil ad nos pertinere omnino* (2, 100).

dolor in longinquitate levis . . .: Noch kürzer in 2, 22 *Si (dolor) gravis, brevis; si longus, levis* und oft bei Cic. und Sen.

41 **ut neque divinum numen horreat**: Da sich die Götter nicht um die Welt kümmern, ist die Furcht vor ihrem Zorn sinnlos; ↗ zu 63 (*superstitio*).

assiduā recordatione: Das kann nur der Weise (↗ 57). Außerdem wird erfahrungsgemäß jede Lust mit der Zeit geringer oder verschwindet ganz. Auch Aristippos (↗ S. 27) lehnt die Lust der Erinnerung als unrealistisch ab.

Fr
1. Bewerten Sie den Titel „Philosophie der Freude", den J. Mewaldt seiner Übersetzung der Schriften Epikurs gegeben hat!
2. Welche Anweisungen für eine ethische Lebensführung lassen sich aus der Gleichsetzung der *voluptas* mit dem *summum bonum* ableiten?

2.4 Voluptas und die vier Kardinaltugenden (42b - 53)

„Tugend" ist seit Platon und Aristoteles ein Grundbegriff der Ethik. Damit ist die mit sittlicher Zielsetzung und durch Übung erworbene Lebenskunst einer ethisch ausgerichteten Persönlichkeit gemeint. „Tugend" muß sich in konkreten Situationen bewähren und zeigt sich so in unterschiedlichen Formen ethischen Verhaltens, den Einzel-Tugenden. Unter ihnen sind die Weisheit, die Mäßigung, die Tapferkeit und die Gerechtigkeit als sog. Kardinaltugenden von Platon hervorgehoben worden (↗ E 1.2). Für Aristoteles hat die Klugheit als Verstandestugend („dianoëtische Tugend") eine besondere Bedeutung; ↗ BT 4. Die übrigen Tugenden – natürlich auch die traditionellen Kardinaltugenden – definiert er als die Mitte zwischen extremen Verhaltensweisen (↗ E 1.3); so ist die Tapferkeit das rechte Maß

zwischen Tollkühnheit und Feigheit. Vgl. den knappen wie informativen Artikel „Tugend“ im Lexikon der Ethik 243 - 245!
Epikur übernimmt formal die traditionellen Kardinaltugenden, bestimmt sie aber inhaltlich ganz anders, was Cic. in 2, 48 - 77 heftig kritisiert; er betont dabei immer wieder, daß es dem Wesen von Sittlichkeit widerspreche, wenn sie auf Lustgewinn abziele.

42b (*summum bonum*) **qui in una virtute ponunt**: D. h. die Stoiker (↗ 3, 76).
quid natura postulet: ↗ zu 71 (*omnia hausta*).
errore maximo . . . liberabuntur: ↗ zu 14 (*maximis erroribus*).
Istae . . . vestrae eximiae pulchraeque virtutes: Höhnischer Seitenhieb auf die stoischen Tugendschwätzer; vgl. *loquacem Fabium* (Horaz, Satiren 1, 1, 14).
laudabiles aut expetendas (erg. *per se*): Tugenden erscheinen dem Epikur nicht als für sich bestehende Werte (wie den Stoikern), sondern nur wählbar in der Verbindung mit *hēdonḗ/voluptas;* vgl. Diogenes Laërtios 10, 138/frg. 116, wo Epikur ebenfalls das Beispiel der Heilkunst anfügt, die nur um der Gesundheit willen erstrebenswert ist.
Ut . . ., sic . . .: Wie die mehr technischen Fertigkeiten (*artes*), so trägt für Epikur auch die Weisheit als *ars vivendi* (s. u.) nicht ihren Wert in sich, sondern dient nur der Erreichung eines bestimmten höheren Zieles.
sapientia: Man erwartet im Zusammenhang der vier (bis 53 behandelten) platonischen Kardinaltugenden die *prudentia,* die 5,16 von dem „Peripatetiker“ Piso als *ars vivendi* bezeichnet (3, 4 wird ähnlich die Philosophie überhaupt umschrieben) und mit der Heilkunst und der Steuermannskunst verglichen wird. Epikur selbst verwendet den Begriff φρόνησις/*phrónēsis* „praktische Einsicht“, was im Lateinischen mit *prudentia* wiederzugeben wäre. – Diese ‚*sapientia*‘ wird im folgenden personifiziert (*artifex* – 43 *dux* bzw. *praeceptrix*).
In der stoischen Ethik hat die *sapientia* einen klaren Vorrang vor den anderen Kardinaltugenden und schließt diese in sich ein (↗ 3, 23 - 25). In der peripatetischen Ethik ermöglicht die *prudentia* eine ethische Bewertung, einen *dilectus bonorum et malorum* (5, 67); ↗ zu 5, 36 (*prudentiam*).

43 **durissimis animi doloribus**: Im folgenden durch *maestitia* umschrieben, wofür Cic. sonst oft *aegr-itudo* sagt.
terroribus . . . detractis: Befreiung von Todes- und Götterfurcht.
omnium falsarum opinionum temeritate (*derepta*): Die Formulierung hebt die mangelnde Begründung heraus, die unsere Meinungen falsch werden läßt (bei Epikur die κενο–δοξία/*keno-doxía*); der Gedanke der Falschheit ist doppelt ausgedrückt; bei der Wegnahme der *temeritas* bleiben die *opiniones* nicht „falsch“.
omnium cupiditatum ardore restincto (Metapher!): Die Beschränkung der *cupiditates* ist notwendig, da Begierden und Leidenschaften gefährliche Folgen haben können.
cupiditates insatiabiles: Von den Philosophen immer wieder behandelter Gedanke; der von leidenschaftlichen Begierden beherrschte Mensch gleicht einem Faß mit Löchern; dieses ist nicht zu füllen/„sättigen“ (sehr anschaulich geschildert bei Platon, Gorgias 493).

totam ... labefactant saepe rem publicam: Ein durch Geschichte und Gegenwart belegbarer Gedanke; Cic. selbst erwähnt z. B. die für Städte gefährlichen Begierden, die durch die Lage am Meer gefördert werden (rep. 2, 7 mit Bezug auf Karthago und Korinth), bzw. die hinter der Umverteilung von Eigentum stehenden staatsgefährdenden Begierden (off. 2, 78).

44 **intus etiam in animis inclusae inter se dissident** ...: Der Widerstreit der Leidenschaften erzeugt innere Zerrissenheit. Nach Platon stört dies die Harmonie der Seele, nach Epikur die ἀταραξία/*ataraxía* („Unverwirrtheit": erg. der Seele – d. h. die innere Ausgeglichenheit). Typisch für Epikur sind Gewichtung und Reihenfolge: Die leidenschaftlichen Begierden haben neben politischen Folgen vor allem (*sed etiam*) ganz persönliche; das Glück des einzelnen ist ihm das entscheidende Anliegen.

amputata circumcisaque inanitate omni et errore: ↗ 43 zur κενοδοξία bzw. *opinionum falsarum temeritate*: Es geht hier nicht um Erkenntnistheorie (um Voraussetzungen und Möglichkeiten der Wahrheitsfindung), sondern um unsere „eitlen" Vorstellungen bezüglich der notwendigen/nicht notwendigen Begierden (↗ 45 *inanes cupiditates*); bei diesen Begierden wird nicht die Beseitigung oder Ausrottung, sondern eine sinnvolle „Beschneidung" wie bei Pflanzen empfohlen, die man „ringsum zurückschneidet".

naturae finibus contentus: Hier folgt eine positive Antwort; für das Glück des Menschen (das *télos* bei Epikur) sind die eher engen Grenzen der Natur/der natürlichen Bedürfnisse ausreichend, was in 45 durch die Dreiteilung der *cupiditates* näher erläutert wird.

45 **quā est usus Epicurus**: Z. B. im Brief an Menoikeus 127 (als Zweiteilung) und genauer (als Dreiteilung) in den Kýriai dóxai 29; zur Dreiteilung ↗ zu Sen. ep. 16, 7 (*ad naturam vivere*). In Tusc. 5, 93 sagt Cic., diese Dreiteilung sei von Epikur *non nimis fortasse subtiliter* (fein-/scharfsinnig), *utiliter tamen* vorgenommen, und erläutert sie.

(cupiditates) **et naturales et necessariae**: Diese beziehen sich nach dem Menoikeus-Brief auf die Glückseligkeit oder auf die Schmerzlosigkeit des Leibes oder auf das Leben selbst. In den Erläuterungen zu den Kýriai dóxai ist diesbezüglich die Wegnahme des Schmerzes mit dem Beispiel des Trankes beim Durst genannt; Cic. Tusc. (s. o.) meint – wohl mit Bezug auf die beiden letzten Gruppen –, sie seien „um ein Nichts" (*nihilo*) zu befriedigen.

(*cupiditates*) **naturales nec necessariae**: Sie „variieren" nur die Lust, z. B. köstliche Speisen (Erläuterungen zu den Kýriai dóxai); Cic. Tusc. meint, sie seien weder schwer zu erfüllen noch schwer zu entbehren.

(*cupiditates*) **nec naturales nec necessariae**: ~ *inanes cupiditates* (nach Cic. Tusc. *funditus e-iciendae*), weil sie aus „leerem Wahn" kommen, z. B. Ehrungen durch Kränze oder Statuen (Erläuterungen zu den Kýriai dóxai).

ut (*naturales et*) **necessariae nec operā multā nec impensā expleantur**: Dieses Verlangen läßt sich „von jedermann jederzeit ohne weiteres erfüllen" (Hossenfelder 114).

ne naturales (*nec necessariae*) **quidem multa desiderant**: Denn die Natur stellt das zum Leben Notwendige im rechten Maß zur Verfügung.

divitias ... parabilīs (genauso Tusc. 5, 93) **et terminatas**: Der Begriff

„Reichtum“ steht unscharf statt „Mittel“. Der Gedanke der zwar begrenzten, aber gut erreichbaren natürlichen Mittel und der wegen unserer falschen Vorstellungen unbegrenzten Begierden steht genauso in Kýriai dóxai 15.

46 **errore et inscientia**: Das ist nicht erkenntnistheoretisch oder intellektuell zu verstehen; vielmehr ist *rerum bonarum et malarum* (↗ 43) mitzudenken.

libidinum impetu: Der „Ansturm“ der Begierden steht metaphorisch; *impetus* ist sonst bei Feinden, Flüssen (hier auch mit dem Gegensatz *tranquillitas*), Winden und Krankheiten zu finden.

ipsius fortunae modice ferre doceat iniurias (Hyperbaton!): Hier wird die *sapientia* ganz im Sinn der *temperantia* bzw. der *prudentia* verstanden. Der Einfluß der *Týchē/Fortuna* auf das menschliche Glück wird von Epikur ebensowenig geleugnet wie von Aristoteles – im Unterschied zur Stoa. Die Schicksalsschläge werden hier (im übertragenen Sinn) *iniuriae* genannt.

ad quietem et ad tranquillitatem: D. h. zur ἀταραξία/*ataraxía* (↗ zu 44). Am Ende von fin. 1 wird nochmals betont, daß vom Epikureer eine *placata tranquilla quieta beata vita* angestrebt wird (71).

47 ff. **temperantia, fortitudo**: Ihre ungewöhnliche Erklärung durch Epikur bietet Cic. willkommenen Anlaß zur Kritik (2, 60 - 68; 72 f.); anders versteht sie der Peripatos ↗ 5, 67 *ut fortitudo in laboribus periculisque cernatur, temperantia in praetermittendis voluptatibus.* – Zum epikureischen Verständnis dieser Kardinaltugenden vgl. auch Hossenfelder 119 f.

50 **Iustitia**: Nach Kýriai dóxai 31 - 35 ist für Epikur die Gerechtigkeit kein Wert an sich, sondern ein praktisches Verfahren bei Handelsgeschäften; Ungerechtigkeiten sind kein (ethisches) Übel, sondern nur Quelle der Angst vor möglicher Bestrafung.

(*Iustitia*) **tranquillat animos**: Die Gerechtigkeit bringt Lustempfinden, weil sie keine innere Beunruhigung (*sollicitudo*) erzeugt bzw. die *tranquillitas* (*animi*) gewährt.

natura non depravata: ↗ 30.

sollicitant: Die *sollicitudo* (51) des Übeltäters erweckt bei einem Epikureer offenbar mehr Bedenken als die Tatsache, daß gegen das Recht verstoßen wird. – In 2, 53 - 57 belegt Cic. mit vielen Beispielen, daß Straftäter ohne innere Unruhe und Gewissensbisse kaltblütig und gerissen nur auf ihren Nutzen und Vorteil bedacht sind.

51 **te consule**: Hinweis auf Selbstanzeigen in Ciceros Konsulatsjahr 63 v.

hominum conscientiam: Das Bekanntwerden der Tat ist zu unterscheiden von der *conscientia factorum* (51) oder der *animi conscientia* des Täters (2, 53 f.), was man als Gewissen im heutigen Sinn verstehen könnte.

deorum (*conscientiam*) . . . **horrent**: ↗ zu 41 (*ut neque*).

53 **adquiescere**: ↗ zu 46 (*ad quietem*).

Fr 1. Durch welche lateinischen Formulierungen wird deutlich gemacht, daß die *sapientia* eine herausragende Stellung hat?

2. a) Was wird gefördert und was wird behindert, wenn sich jeder Mensch in seinem Leben von der *sapientia* leiten läßt? b) Was wird ausführlicher dargestellt? c) Leisten die drei anderen Kardinaltugenden ähnliches?

3. Vergleichen Sie das Interesse der epikureischen Ethik an der Gerechtigkeit und an den psychischen Wirkungen von (gerechten bzw. ungerechten) Handlungen! Nehmen Sie dazu persönlich Stellung!

2.5 Zusammenfassender Schluß (54)

ceterorum philosophorum exsultat oratio: Vgl. etwa am Ende der Piso-Rede *virtutis caelestis quaedam et divina tantaque praestantia* (5, 95).

3. Bedingungen für voluptas und beate vivere (55 - 63a)

3.1 Verhältnis von seelischem und körperlichem Befinden (55 - 58)

55 **Animi autem voluptates** . . .: Vgl. 2, 106 f. Cic.' Kritik dazu: *Nihilne . . . ipsum per se delectat?* Müsse jede Freude erst mit dem Körper gespürt werden? Gebe es keine vom Körper unabhängige Lust der Seele?

56 **in corpore** . . .: Die folgende Graphik soll zeigen, daß der Wahrnehmungsbereich der Seele umfangreicher und ihre Bedeutung für das Gelingen des Lebens viel größer ist, als dies der Körper feststellen kann, daß aber andererseits das körperliche Befinden auch das der Seele beeinflussen kann (und umgekehrt!).

Tatbestand:

voluptas / *animi* / *dolor molestia*

[*voluptas corporis dolor* — *praesentia sentire*]

(57) *futura exspectare* / *praesentia sentire* / *praeterita recordari*

Zwei Folgerungen:

(a) *multo maiores quam corporis*

(b) *plus momenti aut ad beatam aut ad miseram vitam* (56)

Ähnlich gibt diese Lehrmeinung Epikurs zur Lust Tusc. 5, 96 wieder: *corpus gaudere tam diu, dum praesentem sentiret voluptatem; animum et praesentem percipere pariter cum corpore et prospicere venientem nec praeteritam praeterfluere sinere.* Diese Einsicht findet sich in der Philosophie zum ersten Mal bei Epikur; vgl. Krämer 301. 304 - 309.

57 **Est autem situm** . . .: Unangenehmes soll man vergessen und sich an Angenehmes erinnern. – Infolge eines quälenden Blasenleidens war Epikur gezwungen, die Tragfähigkeit dieses Grundsatzes am Ende seines Lebens persönlich zu erproben: In seinem letzten Brief teilte er seinem Schüler und späteren Nachfolger Hérmarchos mit, daß er von den schlimmsten Schmerzen gepeinigt werde. Diese würden aber aufgewogen durch die innere Freude (*animi laetitia*) bei der Erinnerung an die Argumente, die er gegen den Schmerz gefunden habe (2, 96).

ut adversa quasi perpetua oblivione obruamus: In 2, 104 f. weist Cic. darauf hin, daß dies kaum möglich sei, daß im Gegenteil die Erinnerung an ein überstandenes Übel angenehm sei; vgl. 2, 106 *Laboribus hic* (*Africanus ~ Scipio Aemilianus*) *praeteritis gaudet.*
ut . . . secunda iucunde ac suaviter meminerimus: Cic. präzisiert 2, 105 f., daß man sich an große Leistungen und nicht an körperliche Lust erinnert, und verweist auf das Sprichwort *Iucundi* (*sunt*) *acti labores.*
(*quem*) **nimis voluptatibus esse deditum**: Dieser Vorwurf wurde dem Epikur häufig gemacht. Cic. hält Epikur aber für einen ernsthaften Mann und lobt seine persönliche Rechtschaffenheit (2, 99 und Tusc. 3, 46).
non posse iucunde vivi, nisi sapienter . . .: Entspricht weitgehend Kýriai dóxai 5: „Es ist nicht möglich, lustvoll zu leben, ohne daß man vernunftgemäß, schön und gerecht lebt, noch vernunftgemäß, schön und gerecht, ohne lustvoll zu leben." – In 2, 49 - 51 setzt sich Cic. mit dieser abschließenden Formulierung kritisch auseinander.

Fr 1. Prüfen Sie, ob man Unangenehmes vergessen kann oder soll!
2. Welches Adverb in der abschließenden Formulierung (*non posse iucunde vivi . . .*) paßt nicht recht zur epikureischen Ethik?

3.2 Seelische Krankheiten – ein Hindernis für Toren (59 - 61)

59 **cupiditates immensae et inanes**: Der Epikureer darf ihnen nicht nachgeben, weil sie – nach 1, 45 (und auch Tusc. 5, 93) – weder natürlich noch notwendig sind und Maß und Ziel vermissen lassen. Bedeutung für ein glückliches Leben hat aber die Befriedigung der *cupiditates naturales* (wie man ja auch keine körperlichen Krankheiten haben will), besonders die Erfüllung der *cupiditates et naturales et necessariae,* wozu der Wunsch nach seelischem Frieden gehöre. Vgl. Hossenfelder 113 f.
In seiner Kritik fordert Cic. eine größere begriffliche Schärfe. Die *cupiditates naturales* solle man eher *desideria naturae* nennen; denn *cupiditas* meine nur ein abzulehnendes Verlangen etwa eines *avarus* oder *luxuriosus* (2, 27).
60 **saxum Tantalo semper impendet**: Im Mythos drohte der Felsbrocken, den Tantalus einen Berg hinaufwälzte, diesem zu entgleiten, so daß seine Plage dauernd neu begann. Torquatus sieht in dem herabrollenden Felsen eine andere Bedrohung: Er zermalmt den Tantalus wie die Todesfurcht den Menschen.
superstitio: ↗ zu 63.
quietus esse numquam potest: Vgl. das Beispiel in 51!
Praeterea bona . . .: ↗ zu 41 (*assidua recordatione*).

Fr 1. Warum ist der Tor unglücklich?
2. Welche Haltung nimmt der Epikureer gegenüber diesem Toren ein?

3.3 Sapiens semper beatus (62 - 63a)

Der Weise verhält sich richtig bei allem, was den Toren am *beate vivere* gehindert hat (59 - 61); vgl. das Ende des Menoikeus-Briefes (133 f.) sowie Ciceros Kritik in 2, 86 - 108 und Hossenfelder 117. 123 f.

62 **sapiens semper beatus . . . semper est in voluptate**: In 2, 86 - 89 geht Cic. von Epikurs Satz aus, nur Gott sei immer glücklich. Der Weise könne aber den Zustand des Glückes nur für kurze Zeit erreichen, fürchte also dessen baldiges Ende; dies behindere sein Glück. Daraus folgt für Cic.: *Nemo igitur esse beatus potest* (2, 86).
de diis immortalibus sine ullo metu vera sentit: ↗ zu 41 *divinum numen.*
non dubitat . . . migrare de vita: Ansonsten befürwortet Epikur den Freitod nicht; vgl. den kurzen Hinweis im Brief an Menoikeus 127. Dagegen haben die Stoiker die Frage des Freitodes systematisch behandelt; ↗ die Vorbemerkung zu Sen. epist. 24 (S. 95).
praeterita grate meminit . . .: ↗ 41. 57.
Dolores autem . . .: Die durch Schmerzen verursachten Qualen werden aus Cic.' Sicht nicht ernst genommen. Epikur rate nur, sich nicht darum zu kümmern (2, 93) bzw. sich damit zu trösten, daß ein heftiger Schmerz kurz sei (↗ 40). Cic. findet es unglaubwürdig, daß der epikureische Weise auch unter schwersten Foltern rufe: *Quam suave est! Quam nihil curo!* (5, 80) Doch zeigte Epikur selbst auf dem Totenbett (↗ zu 57: *Est autem situm*) eine solche Geringachtung des Schmerzes.
ut non plus habeat sapiens, quod gaudeat: ↗ 57a.

Fr Halten Sie in einer nach der folgenden Tabelle gestalteten Form das Verhalten des *stultus* und des *sapiens* mit lateinischen Wendungen fest!

	Verhalten des	
	stultus (59 - 61)	*sapiens* (62 - 63a)
cupiditates *mors* *superstitio* *bona praeterita* *bona praesentia* *bona futura* *vitia* *dolor* *voluptas*		

4. Bedeutung der „Physik" für Glück und Ethik (63b - 64)

Die „Physik" Epikurs

Cic. gibt auf Bitten des Torquatus in 17 - 21 einen (allerdings kritischen) Überblick. Er beginnt mit der Atomlehre, die Epikur freilich von DEMOKRIT von Abdera († ca. 375 v.; ↗ S. 7) übernommen habe:
Nach Demokrit befinden sich die Atome (*átomi*) im unbegrenzten Raum (*infinitum inane*) in ewiger Bewegung. Wenn sie zusammenstoßen, entstehen die sichtbaren Erscheinungen dieser Welt. Nach Epikur werden die festen

kleinsten Körper (*individua et solida corpora*) durch die Schwerkraft (*vi et gravitate*) nach unten getrieben (*deorsum ferri*). Da so ein Zusammenstoß unmöglich ist, nimmt Epikur bei dieser Bewegung eine Abweichung (**declinatio**) an, die zwar geringfügig ist, dann aber doch zu Verbindungen der Atome führt (*ita effici complexiones et copulationes et adhaesiones atomorum*); eine Wirkursache (*vis et causa efficiendi*) kann freilich nicht benannt werden. Diese Abweichung geschieht nicht in gleicher Weise, sondern in einer Wirbelbewegung (*turbulenta concursio*). – Von den so entstandenen Erscheinungen dieser Welt lösen sich (*fluere*) kleine Bilder (εἴδωλα/*eídōla;* lat. *imagines*) ab, die auf den menschlichen Betrachter treffen, von ihm mit den Sinnen wahrgenommen und dann gedanklich verarbeitet werden können. – Aus der Erkenntnis im Bereich der „Physik" sind Regeln in der Ethik ableitbar, da es nun deutlich wird, wie ein Leben nach den (zuvor erkannten) Gesetzen der Natur zu führen ist.
Der Hauptunterschied zwischen der Physik bei Epikur und der bei den Atomisten (ein Lehrer Epikurs war der Atomist Nausíphanes) besteht weniger in der naturphilosophischen Lehre (Bewegung der Atome) als in der Bewertung der Physik. Für die Atomisten konnte die Naturphilosophie die Fragen vernünftiger Lebensführung beantworten; für Epikur kann die Naturphilosophie nur den negativen Beitrag leisten, den Menschen von falschen Meinungen über natürliche Vorgänge zu befreien, kann aber nicht positiv die Frage des menschlichen Glücks beantworten (Forschner [1994] 25). Ja, die Strenge der naturwissenschaftlichen Methode (determinierende Ursachenkette; ↗ BT 6.2) war ihm schlimmer als der Götterglaube (Diogenes Laërtios 10, 134).

63b **levamur superstitione, liberamur mortis metu**: Die Physik will nach Epikur nachweisen, daß sich alle angsterregenden Naturerscheinungen durch wissenschaftliche Hypothesen erklären lassen (vgl. Hossenfelder 146). Kýriai dóxai 11 formuliert dies als Irrealis: „Wenn uns die ängstlichen Befürchtungen über die Himmelserscheinungen und über den Tod, daß sie uns einmal etwas angehen könnten, keineswegs belästigten, ferner auch nicht die Tatsache, daß wir die Grenzen der Schmerzen und Begierden nicht genau kennen, dann bräuchten wir die Naturphilosophie nicht."
In 4, 11 f. wird kritisiert, daß die epikureische Physik nur darauf abziele, *ut pellatur mortis et religionis metus*. Cic. nimmt lieber den Standpunkt des Peripatos ein, daß nämlich durch die Naturerklärung außerordentliches Vergnügen (*in-satia-bilis quaedam voluptas*) entstehe und – wenn die lebensnotwendigen Bedürfnisse abgesichert sind – das *honeste ac liberaliter vivere.*

superstitio: Die Lehre von den Göttern gehört nach antikem Verständnis (↗ S. 71 zu Sen. epist. 89, 9) zur Physik. Vor ihnen braucht man nach Epikur weder Ehrfurcht noch Angst zu haben. Eine darauf abzielende Religion sei *superstitio,* von der die *cognitio* befreie. Epikur hat also hier einen typisch aufklärerischen Ansatz. – Seine Götterlehre stellt Cic. in nat. deor. 1, 43 - 56 im Zusammenhang dar; ↗ BT 5.
quid natura desideret: Für die Befriedigung der *cupiditates naturales* stellt die Natur das Notwendige zur Verfügung (45).

quasi delapsa de caelo: U. U. nicht ganz ohne Ironie formuliert.
regula: Epikur postuliert in seiner (verlorenen) Schrift Περὶ κριτηρίου ἢ κανών (*Perì kritēríu ḕ kanōn* – d. h. *De regula et iudicio*), daß die Sinneseindrücke das Kriterium (*regula*) für die Zuverlässigkeit von Erkenntnissen seien. Mit den Sinnen werden Bilder aufgenommen – d. h. Atome, welche von den Gegenständen „wegflössen". Diese sensualistische Erkenntnistheorie formuliert ähnlich Lukrez, de rerum natura 4, 478 f. *Invenies primis ab sensibus esse creatam / notitiam veri neque sensus posse re-felli.*
Zur sog. epikureischen Kanonik vgl. auch Hossenfelder 124 - 133.

64 **Nisi autem rerum natura perspecta erit** . . .: Zum Verständnis von *sensus* und *animus* vgl. Hossenfelder 128: „Die Vernunft hat somit die Aufgabe, aus den verschiedenen Sinneseindrücken das wahre Weltbild zu formen, das in sich einheitlich und widerspruchsfrei ist und in dem die vermeintlichen Sinnestäuschungen ihre natürliche Erklärung finden."
qui tollunt (*sensus*): Gemeint sind Vertreter der radikalen Skepsis; ↗ E 1.2.
Praeterea sublatā . . .: Ohne gesicherte Erkenntnis kann keine vernünftige Ethik entfaltet werden. Vgl. Kýriai dóxai 23 f.
naturā cupiditatum generibusque eorum explicatis: ↗ zu 59.
veri a falso distinctio: Die Unterscheidung von wahr und falsch erfolgt bei Epikur nicht – wie sonst – mittels Vernunftschlüssen, sondern nur durch die Überprüfung und nachträgliche Korrektur von Sinneswahrnehmungen durch genauere und durch den Vergleich zwischen Sinneswahrnehmungen und früheren Erfahrungen/Vorstellungen (Kýriai dóxai 24).

Fr 1. Inwiefern kann man die Verknüpfung der epikureischen Ethik mit der Physik als „Aufklärung" bezeichnen?
2. Prüfen Sie, ob Beseitigung von Unwissenheit zu innerer Ruhe führt!

5. Freundschaft und voluptas (65 - 70)

5.1 Bedeutung der Freundschaft für Epikur (65)

65 **omnium rerum . . . amicitiā**: Übersetzung von Kýriai dóxai 27; vgl. Hossenfelder 121 f.
vitā et factis et moribus comprobavit: Das erkennt Cic. 2, 80 f. an. Epikurs Leben sei also besser als seine Lehre.
Quod fit etiam nunc ab Epicureis: Nach 2, 101 trafen sich die Anhänger Epikurs (noch zu Cic.' Zeit) alljährlich und begingen seinen Geburtstag. Zu weiteren Formen der Epikur-Verehrung ↗ 5, 3.
Seine Anhänger verstanden sich immer noch als *grex Epicuri*; ↗ S. 40.

Fr Welcher andere vorsokratische Philosoph (und Mathematiker) sammelte auch einen Kreis von Freunden und Schülern um sich (↗ E 1.1)? Inwiefern unterschied sich dieser Kreis von den Epikureern?

5.2 Voluptas durch Freundschaft (66 - 70)

66 **Alii, cum . . . negarent**: Dies entspricht der Meinung von Epikur.
videtur quibusdam: Diesen Einwand behandelt Cic. auch 2, 78 f.; 83 - 85.
Nam cum . . .: Paraphrase eines (auch in 2, 82 angeführten) Lehrsatzes von Epikur (frg. 133). – Diese Überlegung kann dazu führen, Freundschaft wegen eines Vorteils zu suchen. Damit setzt sich Sen. epist. 9 (aus stoischer Sicht) kritisch auseinander.

67 **tam amicis quam sibi**: Bei der Freundschaft achtet man – ganz in Epikurs Sinn – nicht nur auf die *voluptas* des Freundes, sondern auch auf die eigene, was Cic. bei seiner Kritik in 2, 78 - 85 etwas herunterspielt.
quibus (*voluptatibus*) **non solum praesentibus fruuntur**: ↗ 62.
aeque amicos et nosmet ipsos diligamus: Diesen Ansatz verfolgen einige Epikureer weiter, so daß für sie Freundschaft auch möglich war *nullā exspectatā nec quaesitā voluptate* (2, 82).

Fr 1. Gehört Vertrauen für Epikur zur Freundschaft?
2. Cic. formuliert in seiner Schrift über die Freundschaft: *Non igitur utilitatem amicitia, sed utilitas amicitiam secuta est* (Laelius 51). Vergleichen Sie diese Überzeugung mit der Einstellung Epikurs!

6. Abschließende Würdigung der Ethik Epikurs (71 - 72)

71 **omnia hausta e fonte naturae** (gen. explicativus): Die Ethik Epikurs ist nicht so entschieden auf der Natur aufgebaut wie die von Stoa und Peripatos. Nur Weisungen der Natur, die der Mensch mit seinen Sinnen wahrnimmt, bestimmen sein Verhalten. – Epikur empfiehlt *ad naturam vivere* (so öfter in den lateinischen Übersetzungen von Cic. und Sen.; etwa epist. 16, 7); das klingt wie die stoische Devise *secundum naturam vivere,* doch ist der Naturbegriff sehr verschieden: Die Stoiker gehen von einer metaphysischen – durch Ratio bestimmten – Naturordnung aus, der sich das Geistwesen Mensch durch Pflege der *virtus* einfügen muß. Epikur setzt bei den für die Natur empfänglichen Sinneswahrnehmungen an, die zu einer auch maßvollen Befriedigung der *cupiditates naturales* anleiten (45).
sensibus . . . integris testibus: ↗ zu 64 (*Nisi autem . . .*).
si infantes . . . neque corrupte: ↗ zu 30 (*omne animal*).
firme graviterque comprehenderit: Dies gilt, obwohl Epikur auf rhetorische Schmuckmittel verzichtet hat; ↗ zu 14 (*orationis ornamenta*).
in viam placatae (*vitae*): Dies ist vor allem dann zu erreichen, wenn man sich von der Politik fernhält; ↗ zu 33 (*officia debita*).

Fr Wird bei diesem abschließenden Lob Epikurs Grund-Satz (29 f.) angemessen berücksichtigt?

Epikur (zum Bild des Textbandes auf S. 21)

Cic. läßt seinen Freund Atticus in fin. 5, 3 bekennen, daß es ihm unmöglich sei, Epikur zu vergessen, selbst wenn er wollte (*nec Epicuri licet oblivisci, si cupiam*); anschließend wird auf entsprechende Bildnisse verwiesen. Den starken Eindruck des in vielen Kopien verbreiteten Porträts begründet der Archäologe und Kunsthistoriker A. Hekler so: „In der wogenden Unruhe des schmerzlich verzogenen, abgemagerten länglichen Gesichts spiegelt sich das in unaufhörlicher, angestrengter Geistesarbeit verbrachte und von mannigfachen Körperleiden heimgesuchte Leben Epikurs." (Bildnisse berühmter Griechen. – Berlin-Mainz [3]1962, 41)

Anhang: Hinweise zum Weiterleben der epikureischen Ethik in Rom

Die politischen Veränderungen am Ende der Republik und zu Beginn des Prinzipats empfahlen Epikurs Lebensglück im privaten Bereich.

Vergil († 19 v.) schloß sich als junger Mann dem Kreis um den Epikureer Siron in Neapel an. In seinem Jugendgedicht formulierte er die bei einem Besuch gehegten Erwartungen (Catalepton 5, 8 - 10; Hinkjamben):

Nos ad beatos vela mittimus[1] *portus*
magni[2] *petentes docta dicta Sironis*
vitamque ab omni vindicabimus cura.

In der Aeneis hatte die epikureische Ethik freilich keinen Platz mehr.

Der Rückzug ins Privatleben war das Ideal des Horaz († 8 v.). Selbstironisch bezeichnete er sich als *Epicuri de grege porcum* (epist. 1, 4, 16). Er legte Wert auf den persönlichen Freiraum und empfahl ein *Carpe diem!* (Carmen 1, 11, 8), d. h. nutze den gegenwärtigen Tag zum sinnvollen Genuß!

Seneca, der bedeutendste Stoiker in lateinischer Sprache, beschließt seine Briefe 2 - 29 immer mit einer Sentenz des Epikur (S. 76 ↗ zu Sen. ep. 16, 7), doch bleiben für ihn trotz mancher Annäherung die Unterschiede zwischen stoischer und epikureischer Ethik beachtlich (Grimal, Seneca 258. 291. 297 . . .).

Martial, den berühmtesten Epigrammatiker († ca. 104 n.), wird man kaum einen epikureischen Philosophen nennen. Doch zeigt sein Gedicht 10, 47 (in Hendekasyllaben) eine gewisse Nähe zur epikureischen Lebenseinstellung:

Vitam quae faciant beatiorem,
iucundissime Martialis, haec sunt: (. . .)
lis numquam, toga[3] *rara, mens quieta; (. . .)*
prudens simplicitas, pares amici;
convictus facilis[4]*, sine arte mensa; (. . .)*
summum nec metuas diem nec optes.

Einen kurzen Überblick über die Wirkungsgeschichte des Epikureismus gibt Hossenfelder, Epikur 140 - 144; er gelangt zur Feststellung, daß „aufgrund seiner (~ Epikurs) herausragenden Stellung in der Geistesgeschichte sein Name nahezu bei allen nachfolgenden Philosophen irgendwie fällt" (140).

---

1 **vela mittere** die Segel setzen; ~ *navigare* – 2 **magni**: zu **Sironis**
3 **toga** h. Pflicht zum Tragen der Toga – 4 **facilis** h. unkompliziert

fin. 2: Kritik an der epikureischen Ethik

Ciceros Ablehnung der epikureischen Philosophie

Obwohl Cic. einen engen persönlichen Kontakt zum Epikureer Phaidros hatte und für die Lehrvorträge des Zenon von Sidon ein immerhin sachlich begründetes Interesse zeigte (↗ S. 24), so fühlte er sich innerlich nicht zum Epikureismus hingezogen. Das kann man z. B. einer Briefstelle (ad familiares 13, 1, 2) entnehmen: „Mit dem Epikureer Patro verbindet mich eine enge Freundschaft – mit einer Ausnahme: *in philosophia vehementer ab eo dissentio.*“ Er stellte zwar die Position des in Rom zunehmend attraktiver werdenden Epikureismus zu unterschiedlichen Fragen dar, schließt aber stets eine deutliche Kritik an.
In 1, 17 - 26 hatte Cic. bereits kurz Epikurs Philosophie vorgetragen: In der Physik habe er sich nur an Demokrit angeschlossen (17 - 21), doch *quae (Epicurus) mutat, ea corrumpit* (21). (Auch die epikureische Götterlehre – nach antikem Verständnis ein Teil der Physik – erfährt in dem ein knappes Jahr späteren Werk ‚De natura deorum‘ eine herbe Kritik: „absurdes“ bzw. „erlogenes Zeug“.) Die Kritik an der Ethik des Epikureismus wird in fin. 2 sehr breit vorgetragen und dann in dem unmittelbar folgenden Werk, in den ‚Tusculanae disputationes‘, fortgesetzt (speziell 5, 73 - 118).
Über Epikurs Stil (↗ zu 1, 14 *orationis ornamenta*) und Argumentationsweise äußert sich Cic. recht abfällig: Er sei in der Logik ohne das geeignete Rüstzeug (1, 22 *inermis ac nudus*) und verstehe die von ihm verwendeten Begriffe selbst nicht so recht (2, 6). Cic. stellt auch immer wieder Widersprüche und Ungereimtheiten fest (2, 86 - 108).
Cic. trifft mit seiner harten und oft zu Polemik neigenden Kritik in fin. 2 zwar die Position des Schulgründers, aber – wie M. Erler aufgezeigt hat – nicht den Epikureismus seiner Zeit. Das verdeutlichen die erst kürzlich neu ausgewerteten Texte des Philódēmos von Gádara (einer hellenisierten Stadt im Ostjordanland), eines Epigrammatikers und Epikureers (eines Schülers von Zenon von Sidon: s. o.), der im 1. Jh. v. mit Siron (↗ S. 40) das führende Mitglied des neapolitanischen Philosophenkreises (nach De Crescenzo, Così parlò Bellavista 88 sul modello del „Giardino di Atene“) war und mit mehreren Dichtern der 2. Jahrhunderthälfte in Kontakt stand; diese Texte lassen erkennen, daß der Epikureismus die Vorbehalte traditionsorientierter Römer ernstgenommen und seine Haltung in einigen Punkten modifiziert hat. Cic. ist freilich nicht bereit, darauf einzugehen, so daß seine Kritik in der Folgezeit einen philosophisch interessierten Römer immer weniger davon abhalten konnte, sich der veränderten Lehre des Epikureismus anzuschließen.
Cic.’ Kritik lebte in der Polemik weiter, die vor allem von christlichen Autoren gegen den Epikureismus vorgetragen wurde. Dem Epikur unterstellte man Gottlosigkeit und ausschweifende Sinnenlust, „wobei der Vorwurf der Sittenlosigkeit die Funktion erhielt, die aufgeklärte Religionskritik (nämlich des Epikur) im Lichte moralischer Minderwertigkeit erscheinen zu lassen und damit zu diskreditieren.“ (J. Schmidt 207 f.; es folgt ein kurzer Überblick,

wie sich diese Polemik über das Mittelalter bis ins 18. Jahrhundert fortsetzte. – Ergänzend ist auf das Colloquium familiare ‚Epicurus' des Humanisten Erasmus von Rotterdam hinzuweisen.)

Ist voluptas das summum bonum? (109 - 119)

113 **Ad altiora . . . nati sumus**: Diese höhere Bestimmung des Menschen betonte Cic. bereits in 1, 23 und stellte in 2, 41 gegen den Epikureismus klar: *Nec enim figura corporis nec ratio excellens ingenii humani significat* („deutet hin") *ad unam hanc rem natum hominem, ut frueretur voluptatibus.* Bei der Bestimmung des Menschen setzt die in fin. 5 vorgestellte peripatetische Ethik – in Kritik an Epikur – an: *Est enim naturā sic generata vis* („Wesen") *hominis, ut ad omnem virtutem percipiendam facta videatur* (5, 43).
in te quidem infinita: Eher ein nettes Kompliment (S. 25 ↗ zu 1, 13).
sensus: Nach peripatetischer Anthropologie Teil des *animus* (↗ 5, 34).

114 **vires valetudo velocitas pulchritudo**: Für Peripatetiker *virtutes corporis,* auf deren Erhaltung und Pflege zu achten ist (5, 35).
doctissimi illi veteres: Gemeint sind Platon und Aristoteles.
quiddam caeleste et divinum: Das ist die ratio, *quā nihil est in homine divinius* (5, 38).

118 **tranquillitas**: D. h. Epikurs *via . . . tranquillae . . . vitae* (1, 71).
Herculis . . . aerumnas: D. h. die zwölf „Plagen" des Herkules.

Philosophen im Gespräch (zum Bild im Textband, S. 24)

Die in dem Mosaik (Neapel, Nationalmuseum) dargestellten Personen sind wegen ihrer Gewandung und Tätigkeit wohl als griechische Philosophen zu verstehen. Der dritte Mann von links, der auf einer halbrunden Steinbank sitzt und mit einem Stab in den Sand zu zeichnen scheint, könnte Platon sein, der von seinen Schülern intensive Beschäftigung mit der Geometrie als einer Vorbereitung auf das abstrakte Denken der Philosophie verlangte. Unterhalb des für die geometrische Demonstration vorgesehenen Feldes steht ein Globus mit eingezeichneten Gestirnsbahnen.

fin. 3: Die Ethik der stoischen Schule

Ciceros Quellen

Zenon von Kition (↗ E 1.5-Anfang), der *princeps Stoicorum,* wird von Cic. in fin. 3, 5 als *inventor verborum novorum* hervorgehoben; die zitierten Kernsätze seiner Ethik (z. B. 5, 79) sind kaum direkt seinen Abhandlungen entnommen; sie wurden Cic. wohl durch spätere Stoiker vermittelt.
Dem Stoiker Diódotos erwies schon Cic.' Vater Hochachtung und nahm ihn gastlich in sein Haus auf. Cic. selbst hielt diese persönliche Verbindung aufrecht und hebt ihn in nat. deor. 1, 6 als ersten von vier Philosophen hervor, denen er Kenntnisse auf diesem Gebiet verdankt.

In fin. 1, 6 nennt Cic. neben Chrysippos von Soloi (ca. 281 - 208 v.; ↗ E 1.5) noch fünf Vertreter der sog. Mittleren Stoa, deren Abhandlungen (zur Ethik?) er gelesen habe. Große Bedeutung hat für ihn CHRYSIPPOS; als *homo et acutus et diligens* sei er bei der Frage nach dem *summum bonum* vom Gegensatz der stoischen Tugendethik zur epikureischen Lustlehre ausgegangen (2, 44). Immer wieder wird in fin. seine Lehrmeinung referiert.
Von der Mittleren Stoa sind Panaitios und Poseidonios (↗ E 1.5) für Cic. wichtig: Den PANAITIOS von Rhodos (185 - 109 v.) lobt Cic. 4, 23 als einen *homo in primis ingenuus et gravis* und referiert aus seiner Abhandlung über das Ertragen von Schmerzen. In ‚De officiis' B. 1/2 schließt sich Cic. eng an Panaitios an (↗ E 2.3-Ende). Auf POSEIDONIOS von Apamea (ca. 135 - 51 v.), den *familiaris noster* (1, 6), verweist Cic. in fin. nicht ausdrücklich.
Es bleibt unsicher, welcher der genannten Stoiker Ciceros Quelle war. Man denkt allgemein an einen dem Cic. persönlich bekannten Vertreter der Mittleren Stoa, der der Lehre des Schulgründers Zenon und deren Weiterentwicklung durch Chrysippos gefolgt sei.

1. Szenische Einleitung und Vorgespräch (6 - 16a)

7 **in Tusculano**: Der Ort Tusculum, etwa 20 km südöstlich von Rom in den Albaner Bergen, war eine beliebte Sommerfrische. U. a. hatten Cäsar und Brutus hier eine Villa. Nach dem Untergang von Tusculum entstand weiter unterhalb der Weinort Frascati. – Wenige Wochen nach Abschluß der Arbeit an fin. verfaßte Cic. die ‚Tusculanae disputationes', die in sein Landgut Tusculanum verlegten fiktiven Gespräche, in denen wichtige Probleme der stoischen Ethik erörtert werden.
pueri Luculli: Nach dem Tod seines Vaters L. Licinius Lucullus (56 v.) hatte Cato die Vormundschaft über den Jungen übernommen, dessen Mutter Servilia seine Halbschwester war.
in eius (~ *Luculli*) **villam**: Der reiche Lucullus hatte seine Sommerresidenz in Tusculum mit Kunstwerken und mit einer reichhaltigen Bibliothek ausgestattet; die griechischen Bücher stammten aus der Beute seiner Kämpfe (73 - 67 als Vorgänger des Pompejus) mit König Mithridates.
M. Catonem: Cic. übertrug die Darlegung der stoischen Position dem M. Porcius Cato (95 - 46 v.), dem Urgroßenkel des berühmten Censors Cato. Im *cursus honorum* gelangte er nur bis zur Prätur (54 v.). Wie Torquatus (↗ zu 1, 13) war er ein überzeugter Anhänger der Republik und Gegner Cäsars. Nach der Niederlage der Republikaner in Nordafrika stürzte sich Cato bei Cäsars Anmarsch auf Utica ins Schwert, was ihm den Beinamen *Uticensis* einbrachte; Cic. veröffentlichte einen Nachruf auf diesen *homo in omni virtute excellens* (Pro Murena 54). In fin. 3 und 4 bleibt aber sein „Porträt bemerkenswert blaß" (Gigon 578). – Cato befaßte sich seit seiner Jugend intensiv mit der stoischen Philosophie und bemühte sich um eine entsprechende Lebensführung. – Zum Zeitpunkt des Gesprächs ↗ S. 17.

Fr Klingt in Ciceros Worten Sympathie für Cato oder Verwunderung über sein Verhalten an?

2. Impulse der Natur (16b - 26a)

Die Formel secundum naturam vivere

Die Natur ist aus stoischer Sicht die Lenkerin des Weltgeschehens (↗ BT 6. 1). Den Lebewesen gibt sie den Anstoß zur Selbsterhaltung und somit zu einem Leben *secundum naturam.* Dabei wird einiges zunächst mehr instinktiv abgewehrt, anderes erstrebt. Dieses instinktmäßige Reagieren (das den Menschen mit dem Tier verbindet) wird im Lauf der menschlichen Entwicklung durch eine (positive/negative) Wahl (*se-lectio/re-iectio*) abgelöst, die mit Vernunft vorgenommen wird; die griechischen Begriffe *ek-logḗ* bzw. *ap-eklogḗ* zeigen noch die Verbindung mit dem *lógos,* d. h. mit Vernunft bzw. Sprachfähigkeit des Menschen, da sich der Vernunftgrund sprachlich ausformulieren läßt. Dabei „markiert die Fähigkeit des Menschen zur *selectio* den Übergang vom Tier zum Menschen“ (Forscher [1994] 60). Ziel ist wieder das *secundum naturam vivere* (20 - 22). Die dem Menschen von der Natur gegebene Vernunft entfaltet sich in der *sapientia* und leitet zu einem sittlich-guten Handeln an, was freilich in vollem Maß nur dem Weisen möglich ist (23 - 26a).
Dieses Lebensziel wird vom Schulgründer Zenon definiert als ὁμολογουμένως ζῆν (*homologūménōs zḗn*) ~ *congruenter convenienterque vivere,* d. h. „mit sich im Einklang leben“; Zenon verstand darunter wohl „ein Leben der inneren Geschlossenheit unter Führung des Logos, (das) . . . in jedem Augenblick die Sicherheit des Handelns verbürgt“ (Pohlenz, Stoa 116). In 24 wird diese Art der Lebensführung als *genus conveniens consentaneumque* bezeichnet (vgl. 45 f. *convenientia;* 55 *conveniens actio*); ↗ zu Sen. epist. 20, 5. Kleanthes, das zweite Schulhaupt der Stoa, präzisierte Zenons Formel zum bekannten ὁμολογουμένως τῇ φύσει (*tē̂ phýsei*) ζῆν ~ *congruenter naturae / secundum naturam vivere;* ↗ S. 88 zu Sen. epist. 41, 9.

2.1 Impuls zur Selbsterhaltung (16b - 17a)

16b **simulatque natum sit animal**: „Gleich bei der Geburt nimmt nämlich das Lebewesen nicht nur die Umwelt wahr, sondern zugleich damit auch sich selbst und faßt sofort Fürsorge für sich selbst, indem es sich als sich selbst ‚zugehörig‘ (οἰκεῖον/*oikeíon*) wahrnimmt.“ (Hossenfelder 62) Die „Oikeíosis“ weitet sich später zur Sorge für die Nachkommen (↗ 62) und zum Geselligkeitstrieb der Menschen aus (vgl. ihre Übernahme in die peripatetische Ethik: 5, 24 und 65 - 67). Eine knappe Zusammenfassung der Oikeiosislehre enthält off. 1, 11 f. – Vgl. Forschner (1981) 142 - 159 und Forschner (1994) 50 - 66. Nach diesem neueren Werk versucht „die stoische Oikeiosislehre . . . aus der unpervertierten Natur des Menschen [aus dem sog. Wiegenargument] und ihrer natürlichen Entwicklung das Endziel des menschlichen Lebens als eines Daseins in sittlicher Konstanz und Selbständigkeit darzutun“ (50 f.). Dieser „Prozeß, durch den ein Lebewesen schrittweise seiner selbst inne und dadurch mit sich selbst vertraut und einig wird“, meint den Prozeß der persönlichen Identität bzw. das Gefühl davon (51). Nach Forschner (1994)

liefert Cic. fin. 3, 16 - 18. 20 f. 62 - 68 „die philosophisch informativste Darstellung“ (51) dieser stoischen Lehre. Die **Oikeiosis** hat zwei Aspekte: den Prozeß einer intransitiven Oikeiosis (d. h. die Selbsterfahrung) und den Prozeß der transitiven Oikeiosis (d. h. die Welterfahrung), wobei die Welterfahrung der Selbsterfahrung zugrunde liegt und diese ermöglicht. Das Bewußtsein (συνείδησις/*syneídēsis*) dieser Eigengesetzlichkeit, durch das wir Wesensgemäßes annehmen und Wesensfremdes ablehnen, setzt mit der Wahrnehmung ein, die zum Erleben der Wahrnehmung (der Empfindung) führt. Das zuerst instinktmäßige Reagieren wird später durch ein Reflektieren überboten. In dieser Reflexion wird dem Menschen zunehmend bewußt, daß seine Vernunftnatur ihn wesentlich über das bloße Vegetieren hinausführt und ihn zu sittlich verantwortetem Tun verpflichtet.
ante, quam voluptas aut dolor attigerit: Diese Bemerkung richtet sich gegen den Hedonismus des Epikur; danach ist alles auf Selbsterhaltung bezogene Reagieren „durch eine vorgängige Erfahrung von Lust bedingt“ (Forschner [1994] 55). Für den Stoiker ist also nicht Lust und Schmerz das Primäre, sondern unsere Reaktion auf lebensfördernde bzw. -gefährdende Einwirkungen. Wäre die Lust das „grundlegende Strebens- und Verhaltensprinzip“, so wäre sie „destruktiv für unser menschliches Selbstverständnis als sittliches Wesen“ (Forschner 55).

Fr Erläutern Sie mit eigenen Worten den Begriff „Epikurs hedonistischer Naturalismus“, den Forschner (1994), 51 prägte.

2.2 Impuls zu bewußtem Wählen (20 - 22)
(vgl. Forschner [1994] 57 - 62, für ihn eine Kernstelle der Oikeiosis-Lehre)

20 **initiis ... constitutis, ... officium ... selectione/reiectione**: Die ursprüngliche Tendenz zum Auswählen bzw. Verwerfen erweitert sich schrittweise (Klimax!) zu einer festen Haltung. Die ursprünglich (mehr biologisch gesehene) Selbsterhaltung (*se conservare in naturae statu*) steigert sich dabei zur Gewinnung der persönlichen Identität (↗ S. 44 u.) als einer nach sittlichen Grundsätzen handelnden Persönlichkeit.
quae secundum naturam sunt: Gemeint ist hier die Übereinstimmung mit der speziellen menschlichen (mehr biologischen) Natur, die wir instinktiv erstreben.
primum est officium: D. h. die bewußte Sorge, seine körperliche Unversehrtheit zu bewahren und Krankheiten vorzubeugen. Zu *officium* (und *kathḗkon*) als rationalem Umgang mit den Mitteldingen ↗ zu 58 f.
inventā selectione et item reiectione: Das setzt eine genauere Prüfung voraus, die kurz erwähnt wird (20a) und die bei den sog. Adiáphora besonders überlegt vorzunehmen ist (↗ 50b - 57).
cum officio selectio: Bei der „verantwortlichen Wahl“ (Forschner 58) ist der Bezug unserer Auswahlentscheidung ein bestimmter Verhaltenskodex (z. B. die Polisordnung oder eine Erbaristokratie); hier gibt es eine „wohlbegründete Rechtfertigung“ (griech. *eú-logos apologismós* bzw. Cic. fin 3, 58 *est*

autem officium, quod ita factum est, ut eius facti proba-bilis ratio reddi possit.
ad extremum constans consentaneaque naturae selectio (. . . *vere bonum*): Diese höchste Form der *selectio* unterwirft solche politisch-sozialen Ordnungsmaßstäbe einer kritischen Überprüfung. Diese Form von konsequentem, kritisch hinterfragendem Verhalten (↗ Fr 2) wird in § 21 mit *concordia* umschrieben.

21 **concordia** ~ *convenientia* (bzw. ὁμολογία/*homología*): ↗ S. 44. Der Mensch kommt mittels methodischer Überlegung (*cognitione et ratione*) zu dem Vernunftschluß (*collegit*), in der *concordia* liege *summum illud hominis per se laudandum et expetendum bonum* beschlossen, auf das alle *honeste facta ipsumque honestum* zu beziehen sind.

22 **ea ad haec referri**: Die sittlichen Pflichten (*ea*) des Stoikers bleiben immer bezogen auf die *principia naturae.* Diese *officia* sind zeitlich später, erhalten aber einen ethischen (also höheren) Rang (*honesta actio*), der den *principia naturae,* die wir auch bei nicht-domestizierten Tieren beobachten können, nicht innewohnt. Diese konsequente Verankerung der *officia* in den *principia naturae* bewahrt die stoische Lehre vor Moralismus und vor Idealismus (vgl. Forschner [1994] 51).
ut dixi: Bezug auf die Lücke in § 21 (↗ zu 21).

Fr 1. Machen Sie sich die Abfolge der kleinen Schritte hin zum sittlich-guten Handeln (zur *honesta actio*) mit eigenen Worten klar!
2. M. Forschner (1994) 62 sagt, die *constans consentaneaque naturae selectio* besitze eine „zeit- und ortinvariante universale Dignität und Verbindlichkeit". Erläutern Sie diese Formulierung der philosophischen Fachsprache mit eigenen Worten!

2.3 Impuls zu einem von der sapientia bestimmten Leben (23 - 26a)

23 **sapientia**: Entspricht in der Stoa der φρόνησις / *phrónēsis,* dem Wissen der Weisen, das eine richtige Lebensführung ermöglicht. In der peripatetischen Ethik wird deutlicher zwischen der *sapientia* (als einer dianoëtischen Tugend) und der *prudentia* (als einer praktischen Tugend) unterschieden; ↗ BT 4.
primo nos sapientiae commendari ab initiis naturae: Die *sapientia* entwickelt dann eine Eigendynamik, die den Weisen zu einer sittlich-guten Lebensführung veranlaßt. – In 4, 34 - 43 vermutet Cic., eine solche Lebensführung bekomme einen so hohen Wert, daß die ersten Impulse der Natur bedeutungslos werden. Tatsächlich vollende die Weisheit nur, was von der Natur angefangen worden sei.
appetitio animi . . .: In der *ratio* als dem wichtigsten Teil des *animus* liegt ein Impuls zur Betätigung: ὁρμή (*hormḗ*); sie bezeichnet den „Drang der Vernunft zum Handeln" (Forschner 120). – Nach Tusc. 2, 47 lenkt die Vernunft als *domina omnium et regina* zur *perfecta virtus.*
itemque et ratio et perfecta ratio: Die *ratio* dient dem rechten Umgang mit den Mitteldingen (↗ 58 f.), die *perfecta ratio* führt zum sittlich-guten Handeln. Letztere fällt – frei von jeglichen Affekten – richtige Urteile und erteilt sittlich-gute Weisungen.

24 **conveniens consentaneumque**: Ähnlich 26 *congruenter*: ↗ S. 44.

26a **omnes sapientes semper feliciter absolute fortunate vivere**: Vgl. Tusc. 5, 53 (wer nach der *virtus* lebt) *omnia (ei) pro-fluenter* (reichlich) *absolute prospere, igitur beate.* Diesen Zustand vollkommenen Glücks erreichen aus stoischer Sicht nur die *sapientes.*

absolute . . . vivere: Nach Tusc. 4, 38 lebt derjenige „vollendet" (*perfecte atque absolute*) glücklich, der die Schicksalsschläge ruhig hinnimmt und von inneren Beunruhigungen frei ist; ↗ 29.

Fr Inwiefern ähnelt oder widerspricht diese Beschreibung eines glücklichen Lebens der epikureischen Sicht? (Siehe 1, 40 f. 62. 71!)

3. Bonum und malum (26b - 40)

Das neue Thema – das *solum bonum* (vgl. dazu Forschner 160 - 182) – ist mit den vorherigen Ausführungen (*summum bonum* ~ *secundum naturam vivere*) fast nicht verknüpft. In der stoischen Güterlehre unterscheidet man
1. das *solum bonum* (das sittlich-gute Handeln: *honestum*),
2. die sittlich indifferenten Güter (*media*: 41 - 61) und
3. das *malum* (das sittlich-schlechte Handeln).

Die Verknüpfung der Themen, d. h. von 16b - 26a mit 26b - 40, wird nur gelegentlich angedeutet: Die *sapientia* befähige zu einer *conveniens (naturae) actio* sowie zu einer *honesta actio* (55). Klarer formuliert es Cic. in off. 3, 13: *Quod* („Wenn") *summum bonum a Stoicis dicitur, convenienter naturae vivere, id habet hanc, ut opinor, sententiam* („meint folgendes"): *cum virtute congruere semper, cetera autem, quae secundum naturam essent, ita* („nur dann") *legere* (~ *eligere*), *si ea virtuti non repugnarent.*

3.1 Honestum – einziges bonum und condicio vitae beatae (26b - 28)

26b **continet . . . vitam fortunasque nostras**: Die Gleichsetzung *solum bonum* ~ *honestum* hat auch für die praktische Lebensbewältigung Bedeutung.

quod honestum sit: In 2, 45 wird definiert: *Honestum igitur id intellegimus* („unter *honestum* verstehen wir das"), *quod tale est, ut detractā omni utilitate sine ullis praemiis fructibus-ve per se ipsum possit iure laudari.* Vgl. 3, 29: *honeste vivere* ~ *cum virtute vivere.*

id solum bonum iudicemus: Wenn es nur ein *bonum* gibt, müssen weder das *summum bonum* noch die für eine *vita beata* möglicherweise relevanten *bona* (↗ 5, 68 - 74) bestimmt werden. – Zu *honestum/bonum* ↗ S. 81 f.

consectaria Stoicorum: Die Stoa bemühte sich um die Entwicklung einer formalen Logik, die ganz auf die Untermauerung ihrer ethischen Lehrsätze ausgerichtet war.

28 **Deinde** . . .: Diesen Schluß, der von der Feststellung ausgeht, nur die *vita beata* sei rühmenswert, kritisiert Cic. in 4, 50 f.

beata vita honestate cernitur: Vgl. Hossenfelder 55: „Die Tugend ist also nicht nur Ursache des Glücks, sondern zugleich auch der Sache nach mit ihm identisch."

Fr 1. Erläutern Sie den Unterschied zwischen *honestum* ~ *solum bonum* und *honestum* ~ *summum bonum!*

2. Wie muß die Aussage *beata vita honestate cernitur* verändert werden, damit sie zur epikureischen Ethik paßt? (Siehe 1, 57 und 71!)

3.2 Schmerz und Schicksalsschläge – für Weise kein malum (29)

29 **magnus animus**: D. h. *magnitudo animi* (~ μεγαλοψυχία/*megalopsychía*). Aristoteles hat diese Tugend in NE 1123 a 34 - 1125 a 16 anschaulich und umfassend beschrieben. Chrysippos und Panaitios (↗ S. 43) haben sie in die stoische Ethik übernommen. In off. 1, 62 - 69 formuliert Cic. (nach Panaitios), *magnitudo animi* sei die Fähigkeit, Gefahren und Mühen zu bewältigen, für Gerechtigkeit sensibel zu werden und sich für das Gemeinwohl zu engagieren, schließlich Schicksalsschläge geringzuachten.
fortem virum: *fortis* ist nicht nur der tapfere Soldat, der sich Gefahren aussetzt, sondern auch der Mensch, der Schicksalsschläge mit innerer Fassung erträgt; daher wird in Cic. rep. 5, 9 *fortitudo* mit *magnitudo animi* (s. o.), *mortis dolorisque magna contemp-tio* umschrieben.
non esse malum dolorem: Cic. setzt sich in 4, 52 f., vor allem in Tusc. 2 mit diesem stoischen Lehrsatz auseinander, u. zw. offensichtlich unter dem Eindruck von Schicksalsschlägen in seinem eigenen Leben: *Tristis res est (dolor) sine dubio, aspera amara inimica naturae, ad patiendum tolerandumque difficilis* (18). Deshalb lehnt er die Bewertung des Schmerzes durch Epikur und die Stoa ab (15 - 31a). Den Schmerz könne man mit *ratio, virtus* und *fortitudo* ertragen. – Vgl. die weiterführenden Texte bei Hobert 177 - 190.
qui mortem in malis ponit: In Tusc. 1 erläutert Cic. die stoische Lehrmeinung, *mors aut malum non sit aut sit bonum potius* (23). Der Tod des Körpers bedeute keinen Tod der Seele, da sie unsterblich sei (18 - 76). Durch den Tod werde der Mensch u. U. von Martern befreit (96). Da der Tod allen Menschen von Natur aus bevorstehe, könne er kein Übel sein (100); ↗ BT 2.
nihil esse malum, quod turpe non sit: Nur das sittlich-schlechte Handeln des Menschen (nicht seine Befindlichkeit, besonders – epikureisch ausgedrückt – sein *dolor*) ist schlecht.
nihil posse mali incidere sapienti: Dieses Paradoxon erläutert Cic. z. B. in 5, 84: Auch wenn der stoische Weise blind, geschwächt, schwerkrank, verbannt, kinderlos, arm sei und gefoltert werde, so sei er aus der Sicht Zenons immer noch vollkommen glücklich.

Fr 1. Stellen Sie Verben zusammen, mit denen die Einstellung des stoischen Weisen zum Schmerz und zu den Schicksalsschlägen beschrieben wird! Nimmt der stoische Weise den Schmerz wahr, empfiehlt er ihn, versucht er ihm aus dem Weg zu gehen?

2. Wie werden *dolor* und *mors* in der epikureischen Ethik bewertet? (Siehe 1, 40 - 42a!)

3. Fassen Sie – jeweils als Kurzreferat – aus Senecas Briefen zusammen a) 85, 24 - 41 die Haltung des Weisen zum Schmerz; b) 71 (besonders 8 - 11. 24 - 26. 34 - 36) über die These *nihil posse mali incidere sapienti*!

3.3 Wirkung von honestum und turpe auf den Menschen (36 - 38)

36 **honestum ... esse propter se expetendum**: Das Sittlich-Gute (*honestum*) wirkt anziehend; es hat seinen Wert in sich und wird nicht wegen der damit erreichten *vita beata* erstrebt, so als sei diese etwas anderes; in ihm vollendet sich die Glückseligkeit; ↗ zu 28 (*beata vita*).
commune nobis est cum multorum ... **sententiis**: *Multorum* ist übertrieben; es ist vor allem die peripatetische Schule gemeint; ↗ 5, 64.

Fr 1. Erörtern Sie an Beispielen aus Ihrem Erfahrungsbereich, ob das Sittlich-Schlechte abstoßend wirkt!
2. „Die Stoiker stritten ja eine scharfe Trennung zwischen Gut und Böse ab." Prüfen Sie diese Feststellung von J. Gaarder („Sofies Welt" 210)!

4. Der mittlere Bereich zwischen bonum und malum (41 - 61)

Obwohl die Stoiker postulierten, daß allein das sittlich Gute ein *bonum* und allein das Verwerfliche ein *malum* – mit einem absoluten Wert bzw. Unwert – sei, so sahen sie doch, daß eine sittliche Lebensführung nicht von äußeren Lebensbedingungen wie Gesundheit oder materieller Absicherung des Lebens losgelöst werden kann und daß diese in einer Ethik zu bedenken sind. Die Stoiker bezeichnen diese Faktoren als Mitteldinge (*media*), als „Adiáphora". Mit der *ratio* müssen sie wertmäßig genau klassifiziert (*aestimanda*) und untersucht werden, ob sie *secundum naturam* sind. Für ein wahrhaft sittliches Leben sind die Adiaphora „indifferent". Sie sind weder im strengen Sinn erstrebenswert (*expetenda*) noch zu meiden (*fugienda*), sondern – leidenschaftslos und ohne sittliches Engagement – einfach zu nehmen (*sumenda*); sie haben nur eine *aestimatio medíocris*, d. h. eine eingeschränkte Werthaftigkeit; ↗ S. 84 zu Sen. epist. 74, 16.
Vgl. Forschner 116 - 118. 165 - 171 und Hossenfelder 58 - 61.

4.1 Die Mitteldinge und ihre aestimatio (50b - 57)

50b **alia aestimabilia ...**: Dem Gedankengang von 50 - 53 liegt folgendes Schema zugrunde:

BONUM

media /	*alia aestimabilia / aestimanda*
res mediae	*alia neutrum*
(Adiáphora)	*alia contra / in-aestimabilia/nullā aestimatione dignă*

MALUM

alia neutrum: Z. B. ob man die Finger ausstreckt oder nicht, wie viele Haare man auf dem Kopf hat und welche Farbe der Körper hat.
51 **aestimanda**: Bei dieser Gruppe kann noch weiter differenziert werden, was dann in 54 - 56 unter Angabe von Gründen erläutert wird, z. B. danach, inwieweit diese Mitteldinge mit der Natur übereinstimmen (Gesundheit!) oder ob sie positive Wirkungen für das sittlich-gute Handeln haben.

ut in valetudine, ut in integritate sensuum . . .: Diesen werthaftigen Mitteldingen entsprechen in der peripatetischen Ethik in etwa die *bona animi, bona corporis* und *bona externa* (gute äußere Lebensumstände), die dort ebenfalls wertmäßig abgestuft werden (die sog. Dreigüterlehre; ↗ zu 5, 68).
alia autem non esse eius modi: ~ *in aliis autem non satis esse causae.*
nullā aestimatione digna: Auch hier gibt es unterschiedliche Gesichtspunkte, sie zu meiden (*reicere*), die wohl das Gegenteil der Gründe für das Vorziehen (*anteponere/praeponere*) sind.
partim non item: ~ *in aliis autem non satis esse causae.*
53 **hoc, quod praepositum vel praecipuum nominamus**: Dies ist nur der (positive) Teilbereich der Adiaphora, der für den stoischen Weisen allerdings besonders wichtig ist, auch wenn er ohne sittlichen Wert ist.
indifferens: Dies meint nicht „gleichgültig" als Ausdruck dafür, daß der handelnde Mensch keine bewußte Entscheidung trifft, sondern daß es für das eigentlich Sittlich-Gute bzw. -Schlechte ohne Belang ist.
cum aestimatione medíocri („mit nur begrenzter Wertschätzung"): *mediocris* meint einen nur mittleren Rang zwischen dem Sittlich-Guten und dem -Schlechten; es ist nicht mit dem rechten Maß/der Ausgeglichenheit, einem positiven Begriff der peripatetischen Ethik, zu verwechseln, von dem Cic. off. 1, 89 sagt: (*medióritas*) *quae est inter nimium et parum.*
57 **dixerunt**: Seneca behandelt das Problem in epist. 102, 3 - 20.
bene audire . . . a bonis etiam viris: Dies führt Cic. in Tusc. 3, 3 näher aus. Wahrer Ruhm bestehe in der *laus bonorum*; es sei die unverdorbene Stimme von urteilsfähigen Leuten über eine herausragende menschliche Leistung. Weil der Ruhm meistens der Begleiter guter Taten sei, solle er von guten Männern nicht verschmäht werden.

Fr Definieren Sie den Unterschied zwischen den *praeposita* (wie Gesundheit, Geld etc.) und dem Guten an sich!

4.2 Officium als rationaler Umgang mit den Mitteldingen (58 - 61)

Zum καθῆκον (*kathḗkon*) vgl. Forschner 184 - 196 und Hossenfelder 64 f. Cic. glaubt, mit *officium* den griechischen Begriff καθῆκον sachgemäß wiederzugeben (3, 20). Mit diesem Wort wurde in der griechischen Alltagssprache und dann auch durch Zenon das bezeichnet, was an den Menschen herankommt – also Anforderungen, denen der Mensch ohne besondere sittliche Zielsetzung gerecht wird. Cic. erläutert diesen Gedanken in 20 - 22: Für den Menschen ergibt sich aus dem Impuls der Natur die Aufgabe, Lebensförderndes zu wählen und Gefährliches abzuwehren. Auch der Weise muß sich um Nahrung kümmern und die Aufgaben in der Gesellschaft erfüllen. Er handelt dabei ohne besondere sittliche Intention, sondern nur nach der praktischen Vernunft.
Ein Jahr nach Abfassung von fin. erörtert Cic. dieses Thema in ‚De officiis' noch eingehender, u. zw. in Anlehnung an den Stoiker Panaitios (↗ S. 43). Das *officium* wird auch in Beziehung zum Sittlich-Guten (*honestum*), zum Schicklichen (*decorum*) und zum Nützlichen (*utile*) gesetzt.

Diese philosophische Reflexion unterscheidet sich vom üblichen Sprachgebrauch in Rom. *Officio fungi* meint die Verpflichtung eines Politikers gegenüber der *patria* und dem ihm übertragenen Mandat; vgl. Kilb 57 - 60. Noch größer ist der Abstand zwischen dem καθῆκον im Sinne Zenons und der sittlichen Pflicht bei Immanuel Kant. Deshalb formulierte E. Schwartz 199 zu Recht, daß Cic. καθῆκον „schlecht mit *officium* und wir noch schlechter mit ‚Pflicht' übersetzen". Besser ist wohl die Wiedergabe mit „Aufgabe".

58 **quod usui possit esse**: Der Weise denkt bei der Erledigung seiner Aufgaben in der Gesellschaft an den Nutzen für die Mitmenschen.

tollendum id non est: Der Weise wird sich auch einfachen Aufgaben nicht entziehen; er kennt sein *civile officium* (64).

Mit zwei Schlußfolgerungen will Cic. das (bloße) *officium* des Weisen definieren und den Unterschied zwischen *officium* und sittlich-gutem Tun (*recte factum*) verdeutlichen.

59 **recte factum** ~ *perfectum officium*: In off. 1, 8 erklärt Cic. den Unterschied zwischen *perfectum officium*, dem sittlich-guten Handeln (~ *rectum factum* ~ *honestum factum*) und dem *medium officium*, einer Aufgabe, vor die man gestellt ist und die man in rationaler Abwägung ihres Nutzens (↗ 58 *quod usui possit esse*) erledigt: *Perfectum officium rectum, opinor, vocemus, quoniam Graeci (id)* κατόρθωμα (*katórthōma*), *hoc autem commune officium* ⟨καθῆκον⟩ *vocant. Atque ea sic definiunt, ut, rectum quod sit, id officium perfectum esse definiant; medium autem officium, id esse dicunt, quod cur* (~ *cuius, cur id*) *factum sit, ratio probabilis reddi possit.*

erit etiam incohatum (*officium*): *incohatum* ist logisches Gegenstück zu *perfectum*, sachlich ~ *medium* (*officium*); zugleich ist es ausbaufähige Vorstufe zum *perfectum* (*officium*), wozu es durch eine sittlich-gute Motivation wird. So kann sich ein bloßes *depositum reddere* zu einem *iuste depositum reddere* (aus sittlicher Motivation zurückgeben wollen und nicht nur zurückgeben müssen) steigern.

Ex quo intellegitur . . .: Erinnerung an 22: Jeder Mensch – auch der Weise – beachtet die Übereinstimmung mit den Vorgaben der Natur.

60 **officium excedere e vita**: Seneca nennt in epist. 70, 5 knapp, was der Weise vor einem vorzeitigen und freiwilligen Weggehen aus diesem Leben bedenken wird: „Er wird in Betracht ziehen, wo er lebt, mit wem, auf welche Weise, mit welchen Möglichkeiten der Betätigung. Er bedenkt immer, welche Qualität das Leben hat, nicht welche Länge. Wenn viel Beschwernis und Störung der inneren Ruhe auf ihn zukommen, wird er sich davonmachen; das tut er nicht nur in höchster Not, sondern, sobald ihm sein Schicksal Anlaß zu einem entsprechenden Verdacht gibt, bedenkt er sorgfältig, ob er sofort zu leben aufhören muß." – Vgl. Sen. epist. 24, besonders 6 - 8 (zum Selbstmord des Cato Uticensis, der ja in fin. 3 der Vertreter der stoischen Position ist).

Fr 1. Informieren Sie sich (z. B. im Lexikon der Ethik 182 - 184) über die Bewertung der Pflicht durch Immanuel Kant und stellen Sie einen Vergleich mit der stoischen Position an!

2. Welchen sittlichen Wert hat es aus heutiger Sicht, wenn jemand „seine Pflicht und Schuldigkeit" tut?

5. Impuls der Natur zum Einsatz für die Gemeinschaft (62 - 71)

Cato knüpft an die in 16 angesprochene stoische Oikeiosislehre an.

5.1 Zuerst liebevolle Sorge für den Nachwuchs (62)

62 **ut natura . . . diligi procreatos non curaret**: Dagegen bestreitet Epikur eine enge natürliche Bindung zwischen Eltern und Kindern (frg. 128).
naturā nos a dolore abhorrere: Stimmt nicht ganz überein mit dem in 29 angeführten stoischen Kernsatz *non esse malum dolorem.*

Fr „Demokrit verwirft Ehe und Kinderzeugung wegen der vielen Unannehmlichkeiten, die aus ihnen erwachsen, und weil sie von Notwendigerem ablenken. Ihm schließt sich auch Epikur an.“ (Epikur frg. 127) Das ist ein klarer Gegensatz zur stoischen Ethik! – Zu welcher von diesen beiden Positionen kann die Einstellung bzw. das tatsächliche Verhalten der heutigen Menschen in Beziehung gesetzt werden?

5.2 Mehr Gemeinnutz als Eigennutz (63 - 71)

63 **naturalis . . . commendatio**: Das bei allen Menschen (*communis*) vorhandene Zusammengehörigkeitsgefühl ist ein Impuls der Natur. In rep. 1, 39 spricht Cic. von einer *naturalis quaedam hominum quasi con-grega-tio*; vgl. auch fin. 3, 65: *nos ad coniunctionem congregationemque hominum et ad naturalem communitatem esse natos.* Das geht letztlich auf die Überzeugung des Aristoteles zurück, daß der Mensch eine natürliche Neigung zur Gemeinschaft hat und ein staatenbildendes Wesen ist; ↗ zu 5, 65 f.
Epikur vertritt die entgegengesetzte Position: „Die Gemeinschaft der Menschen besteht nicht von Natur, sondern um des Zuträglichen und des Bedürfnisses willen.“ (frg. 126)
commendatio: Der Mensch empfindet sie (nach der Oikeiosislehre) zuerst zu sich selbst (↗ zu 16) und dann zu den Mitmenschen.

64 **Mundum autem** . . .: Das wird in nat. deor. 2, 75 - 77 näher ausgeführt.
communem urbem et civitatem hominum et deorum: Dies formuliert Cic. in nat. deor. 2, 154 (↗ BT 7) und leg. 1, 23 ganz ähnlich.
Für Chrysippos ist die Welt „ein Gebilde aus Göttern und Menschen und den Dingen, die um ihretwillen geschaffen sind“ (Stoa, Texte 68).
cariorem nobis esse patriam quam nosmet ipsos: Dieser Satz paßt nicht zum Weltbürgertum der Stoa! Hier spricht Cic. als Römer und denkt wohl an den selbstlosen Einsatz etwa eines Regulus (↗ 5, 82). Cic. selbst erklärte: *patria . . . mihi vitā meā multo est carior* (In Catilinam 1, 27).

70 **Amicitiam autem**: Vgl. zu diesem Thema Cic.’ Schrift ‚Laelius de amicitia‘ (↗ Zitat unten) und Sen., z. B. epist. 9!
quia sit ex eo genere, quae prosunt: Freundschaft ist ein Adiaphoron, aber etwas, was von Nutzen (58 *usus*) sein kann.
Quamquam . . . dicant (wohl „. . . sagen mögen“; der Konj. nach *quamquam* ist klassisch unüblich): Umstritten war das Verhältnis vom eigenen Nutzen zum Nutzen für den Freund, nicht die Sorge für den Freund.

ad quam (*iustitiam*) **nati esse videamur**: Diese Meinung vertritt Cic. mit fast gleichem Wortlaut auch leg. 1, 28. Er meint damit weniger unsere Unterordnung unter die Gerechtigkeit als unsere Befähigung dazu; denn Gerechtigkeit ist ein überzeitlicher Wert; *ius* sei räumlich und zeitlich uneingeschränkt gültig, nicht nur eine zeitbedingte, nützlichkeitsorientierte Festsetzung (*neque opinione, sed naturā constitutum esse ius*: leg. 1, 28 nach stoischer Lehre). Diesem ewig gültigen und unveränderlichen Naturrecht entspreche unsere Naturanlage (unser Gerechtigkeitsgefühl).
propter utilitates: Freundschaft und Gerechtigkeit können wohl Nutzen mit sich bringen, es wäre aber gefährlich, sie primär aus Nützlichkeitserwägungen zu pflegen bzw. anzuwenden. Prägnant formuliert Cic. Lael. 51: *Non igitur utilitatem amicitia, sed utilitas amicitiam secuta est.*

Fr 1. Führt das Zusammengehörigkeitsgefühl aller Menschen zur Ausbildung von einzelnen Staaten oder zu einem Kosmopolitismus? Welche Folgerungen kann Cic. leichter mit seiner persönlichen Einstellung vereinbaren?
2. Vergleichen Sie die Bewertung der Freundschaft aus stoischer und aus epikureischer Sicht! (Siehe 1, 65 - 70 und auch 2, 78 - 85!)

6. Abschließende Würdigung des stoischen Weisen (75 - 76)

(vgl. Stoa, Texte 162 - 170, Pohlenz 153 - 158 und Hossenfelder 67 f.)

75 **conficitur persona sapientis**: Das Idealbild des stoischen Weisen war schon 26 und 29 angesprochen worden. Der Nicht-Weise (*in-sipiens, stultus*) kommt in fin. 3 nur selten (z. B. 61) in den Blick; ↗ E 3.1.
Vgl. die eindrucksvolle Beschreibung des stoischen Weisen in Tusc. 4, 36 - 38 und (in dieser Ausgabe) bei Sen. epist. 41 (besonders 4 f. 8 f.: S. 87 f.).
irrideri ab imperitis solent: Anlaß für Spott war es auch, wenn die Stoiker auf die ironisch gestellte Frage, wer denn ein solcher stoischer Weise gewesen sei (zitiert in 4, 65), antworten mußten, daß es vielleicht noch keinen gegeben habe (vgl. Tusc. 2, 51) oder daß es Menschen seien, denen es selbst verborgen geblieben sei, daß sie nach stoischem Verständnis weise sind. Auch Zenon wollte nicht als Weiser bezeichnet werden; ↗ S. 78 zu epist. 20, 2.
Rectius enim appellabitur . . .: Die Stoiker konnten (noch) keine bekannten Persönlichkeiten als Beispiele für einen stoischen Weisen anführen. (Der Tod des Cato lag zu wenig zurück.) Dieses Dilemma wird rhetorisch geschickt dadurch gelöst, daß der in einem politischen Titel enthaltene moralische Anspruch, dem die hier angeführten wichtigen Persönlichkeiten der römischen Geschichte aber nicht gerecht wurden, nun zum Kennzeichen des stoischen Weisen umgemünzt wird.
nec se nec suos regere potuit: Es ist z. B. an die Schändung der Lucretia durch Tarquinius, den Sohn des letzten römischen Königs, zu denken.
magister populi . . . dictator . . . Sulla: Er war von 82 - 79 v. *dictator* oder – wie man früher sagte (z. B. Cic. rep. 1, 63) – *magister populi.* Ein solcher „Lehrmeister“ oder *generis humani paedagogus* (Sen. epist. 89, 13) soll der stoische Weise sein. – Sullas Laster belegt Plutarchs Vita sehr genau.

Crassus: Wohl der reichste Mann Roms. Im J. 55 v. hatte er angeblich aus Habgier, jedenfalls ohne Kriegserklärung den Euphrat überschritten; 53 v. fiel er durch die Parther.

76 **ille unus . . .**: Damit wird auf das von Herodot 1, 29 - 33 überlieferte Gespräch des Solon von Athen mit dem steinreichen Lyderkönig Krösus angespielt. Auf die Frage des Krösus, ob er ihn für besonders glücklich halte, meinte Solon, er könne das erst feststellen, wenn Krösus ohne Verlust seines Besitzes sein Leben schön beendet habe. – Krösus wurde durch den Perserkönig Kyros besiegt und verlor sein Reich.

nisi bonus vir sapiens et omnes boni beati sint: ↗ 26a.

Fr In 4, 7 bemängelt Cic., daß solchen stoischen Lobreden der rhetorische Glanz fehle. Nehmen Sie dazu unter Bezugnahme auf 75 f. Stellung (Stilanalyse)!

Anhang: Hinweise zum Weiterleben der stoischen Ethik in Rom

Die Stoa war nach Pohlenz 191 seit dem Hellenismus die „führende geistige Macht in der griechisch-römischen Welt". Cic. stand in den meisten seiner Abhandlungen zur Ethik der stoischen Position sehr nahe. In den ‚Tusculanae disputationes' werden Hauptprobleme der stoischen Ethik erörtert. In ‚De officiis' schließt sich Cic. zunächst an Panaitios und dann an Poseidonios an (↗ S. 43); im dritten Buch bezieht er weitgehend eigene Positionen. Stoische Gedankengänge finden sich auch in ‚Laelius de amicitia'. In der Güterlehre und beim *finis bonorum* hat Cic. allerdings nicht unerhebliche Bedenken gegen den stoischen Standpunkt und trägt diese ausführlich in fin. 4 vor.

Der bedeutendste Vertreter der Stoa im Rom der Kaiserzeit war Seneca (ca. 4 v. - 65 n.). In der Ethik geht er mehr von konkreten Situationen aus bzw. nimmt auf sie Bezug – besonders in seinen Briefen. Einen „Anspruch auf philosophische Originalität hat er nie erhoben; sein Hauptverdienst ist die Popularisierung des Stoizismus durch die große und breite Wirkung, die er nicht zuletzt wegen seines brillanten und einprägsamen Stils über die Jahrhunderte hinweg gehabt hat" (Hossenfelder 98).

Der letzte namhafte Stoiker in Rom war Mark Aurel (121 - 180 n.), der Philosoph auf dem Kaiserthron. In den griechisch verfaßten Selbstbetrachtungen ermuntert er sich zur Selbstbeherrschung, zum Meiden der Affekte und zur inneren Distanz von seiner großen Machtfülle. Das stoische Lehrgebäude wird von ihm nicht weiter entfaltet, sondern nur vorausgesetzt. Sein letztes Ziel ist die Übereinstimmung mit der Natur.

Auch nach dem allmählichen Ende der stoischen Schule im engeren Sinn blieben ihre philosophischen Einsichten lebendig. „Ihre logischen Erkenntnisse und Methoden, ihre religiöse Naturbetrachtung und ihre ethischen Grundsätze waren längst so in das Allgemeinbewußtsein eingegangen, daß ihre Nachwirkung gesichert war, solange überhaupt die antike Geistigkeit Lebenskraft besaß." Diese Feststellung erläutert Pohlenz (466 - 472) durch einen knappen Überblick über die Nachwirkung der Stoa bis zu Immanuel Kant. – Die Textsammlung von Hobert zeigt, daß die stoische Philosophie die für die Menschen entscheidenden Themen in den Mittelpunkt ihrer Reflexion gestellt hat.

fin. 4: Kritik an der stoischen Ethik

Cicero und die traditionelle Kritik an der stoischen Ethik

Zenon († 262 v.) hatte in Athen „mit seiner herben Lehre, die ebenso viel forderte, wie sie versprach, einen schweren Stand" (Pohlenz 168). Kritik kam vor allem aus dem Peripatos und der Akademie. THEOPHRAST († ca. 287 v.; ↗ E 1. 3 und S. 56) bestritt, daß die Tugend das einzige Gut sei und die Glückseligkeit bringe. Es sei paradox, wenn der Weise angeblich auch in der Folterkammer glücklich sei. (Nach Pohlenz 172 f.)
Besonders heftig und scharfsinnig waren die Angriffe des Akademikers KARNEADES († ca. 128 v.; ↗ E 1.2). Die Adiaphora seien nur eine andere Bezeichnung für die äußeren und leiblichen Güter. Auch sie hätten eine Bedeutung für das Erreichen des letzten Lebenszieles. Beunruhigend wirkten seine Vorträge, die er 155 v. in Rom über die Gerechtigkeit hielt und durch die er die stoische Naturrechtslehre als realitätsfernes Postulat entlarvte. (Nach Pohlenz 175 - 179)
Der Akademiker ANTIOCHUS von Askalon († ca. 68 v.; ↗ S. 57) hatte ein zwiespältiges Verhältnis zur Stoa: Einerseits übernahm er daraus Lehrmeinungen und rückte Zenon in die Nähe der Akademie. Andererseits warf er Zenon vor, er sei von den „alten Philosophen" (Platon und Aristoteles) abgewichen, u. zw. vor allem durch Einführung neuer Begriffe (↗ 4, 61). Bei der Bestimmung des letzten Zieles müßten die Vorgaben der Natur konsequenter berücksichtigt werden. Das naturgemäße Leben erfülle sich in der vollendeten Entfaltung der Natur des Menschen im körperlichen wie auch im geistig-seelischen Bereich; ↗ 5, 24 - 67. (Nach Pohlenz 248 - 253)
Cic. konnte also bei seiner eigenen Kritik an der Stoa in fin. 4 an eine reiche Tradition von kritischen Einwänden anknüpfen.

Kritik an der Bewertung der Mitteldinge (56 - 73)

61 **studiosissimum philosophiae**: Cato beschäftigte sich zwar intensiv mit der Stoa, es ist aber umstritten, in welchem Umfang sein politisches Handeln dadurch bestimmt wurde.
iustissimum virum, optimum iudicem: Cic. spielt darauf an, daß Cato im Senat unbeirrt für das eintrat, was er für berechtigt hielt, und daß er als Vorsitzender von Gerichtsverhandlungen unbestechlich war.
quae ab hoc Polemone Zeno cognoverat . . .: Polemo(n) leitete als drittes Schulhaupt nach Platon die Akademie ca. 315 - 265; er hat vermutlich die Systematisierung der Güterlehre vorangetrieben. Die spätere stoische Formel „nach der Natur leben" soll auf ihn zurückgehen. Der Schulgründer der Stoa Zeno(n) war sein Schüler. Die allzu summarische Behauptung der völligen Abhängigkeit des Zenon von Polemon ist aber sicher nicht haltbar; Cic. hat sie vielleicht von dem die Lehrmeinungen von Akademie, Peripatos und Stoa harmonisierenden Antiochos (s. o.) übernommen (vgl. auch Pohlenz 250).
perscripsimus: In 4, 5 f. und 5, 11 werden die staatstheoretischen Schriften der Peripatetiker und Akademiker empfohlen.

fin. 5: Die Ethik der peripatetischen Schule

Raffael (1483 – 1520): Die Schule von Athen

Fresko in den Stanzen[1] des Vatikan. Erklärt von E. Peterich (Rom. Ein Führer. – München 1990, 236 f.)

Die Schule von Athen „ist dargestellt als ein Tempel. Aber an diesem Tempel erinnern uns nur die beiden Statuen des Apollon und der Athena (der Apollon trägt nun die Leier) unmittelbar an die Antike, denn der herrliche Bau selbst mit seinen Bögen, seinen Tonnengewölben, seinen kassettierten Decken ist nicht griechisch, sondern römisch . . . Es ist die vordere Zone des Gemäldes, in der sich die Lebenden bewegen, teils als Schüler der Weisen, wie Raffael . . ., teils als Naturforscher und Mathematiker des Altertums, während die großen Weisen sich im Hintergrund um die zwei erhabenen Geister scharen, Platon und Aristoteles . . . Im Mittelpunkt des Gemäldes schreiten sie aus der hohen Halle heraus, ganz in ein Gespräch vertieft . . . Platon weist auf den Himmel als das Licht, das unserer Erkenntnis leuchtet, Aristoteles auf die Erde, unsere große Lehrerin. Der greise Platon – er trägt die Züge Leonardo da Vincis – hält sein mythischstes Werk in der Hand, den Timaios[2], der jüngere Aristoteles seine Ethik[3] . . .

Links von Platon sieht man Sokrates mit Alkibiades disputieren, der in voller Rüstung vor ihm steht. Unter denen, die diese Gruppe bilden, läßt sich kein anderer Philosoph mit Sicherheit benennen, auch nicht in der zur Rechten des Aristoteles. Ganz links im Vordergrund steht lesend der mit Weinlaub bekränzte Epikur . . . Weiter rechts eine Gruppe: Pythagoras[4] schreibend, links von ihm hockend der greise Empedokles[4] und stehend (mit einem Turban) Averroës[5] . . . Der einsame Mann, der noch weiter rechts tief über etwas nachdenkt, was er aufzeichnen will, ist Heraklit[4], dessen Gesichtszüge an Michelangelo erinnern . . . Und ebenso einsam wie Heraklit liegt Diogenes[6] auf der Treppe."

Ciceros Quellen

Einen wichtigen Zugang zur Ethik des Peripatos eröffnet die Nikomachische Ethik des Schulgründers Aristoteles (384 - 322), die Cic. 5, 12 erwähnt. Bei der Frage nach dem höchsten Gut und der Glückseligkeit verdient freilich nach Cic. (5, 12. 85) besonders auch die Abhandlung ,De vita beata' (Περὶ εὐδαιμονίας/*Perì eudaimonías*) des Theophrast(os) von Eresos

---

[1] Stanzen = Zimmer, von ital *stanza* „Aufenthalt, Wohnung"; ↗ lat. *stans* – [2] Timaios: Platons spekulatives Alterswerk über die Erschaffung des Kosmos durch den göttlichen „Handwerker" – [3] Vielleicht die Nikomachische Ethik – [4] ↗ E 1.1 (Vorsokratiker) – [5] Averroës (1126 - 1198): arabischer Philosoph und Arzt aus Cordoba – [6] Diogenes, der Kyniker (4. Jh. v.)

(auf der Insel Lesbos; ca. 370 - ca. 287), des Schülers und Nachfolgers von Aristoteles in der Schulleitung, Beachtung. Da diese Schrift verloren ist, kann man nicht nachprüfen, ob sie Cic.' Quelle war, was u. a. Gigon annimmt. Piso (M. Pupius Piso Frugi Calpurniánus; ca. 115 - vor 47), der in B. 5 die peripatetische Ethik vorstellt und auch in nat. deor. 1, 16 als kompetenter Vertreter des Peripatos erscheint, hat mit Cic. bei einem Studienaufenthalt sechs Monate aufmerksam den Akademiker Antiochus gehört (Brutus 315). Piso stützt sich bei seinem Referat auf eben diesen Antiochus (5, 8), wobei offenbleibt, wieviel Antiochus von anderen Schulen einfließen läßt (s. u.).

Ethische Position des Aristoteles in fin. 5?

Aristoteles setzt bei der Frage nach dem richtigen Handeln bei der Anthropologie an; er versteht den Menschen als vernunftbegabtes und auf die staatliche Gemeinschaft bezogenes („politisches") Lebewesen. Der Mensch handelt richtig, wenn seine Lebensführung dieser Begabung bzw. Bestimmung gerecht wird. Dabei leitet die Vernunft zu einem tugendgemäßen Leben an. Das Handeln des Menschen wird letztlich definiert als Streben nach einem in sich wertvollen Ziel bzw. nach der εὐδαιμονία (*eudaimonía)/beatitudo* bzw. *vita beata,* die der Mensch durch Tugend erreichen kann (↗ BT 4). Andere Grundelemente der Ethik des Aristoteles werden in fin. 5 nicht oder kaum angesprochen, z. B. die Beachtung der rechten Mitte zwischen gegensätzlichen, extremen Gemütsverfassungen (μεσότης/*mesótēs*) und die Freiheit des Willens.

Fin. 5 spiegelt eher die weitere Lehrentwicklung der peripatetischen Schule wider. (Im Gegensatz dazu steht die in fin. 1 bzw. 3 dargestellte ethische Position der des Schulgründers Epikur bzw. Zenon viel näher!) Cic. folgt hier nicht den Peripatetikern seiner Zeit, obwohl die meisten von ihnen längere Zeit in Rom gelebt haben und dort viel Beachtung fanden. Auch der Peripatetiker Stáseas, zu dem Piso in einer engen persönlichen Beziehung stand (5, 8), eignet sich aus Cic.' Sicht weit weniger als Gewährsmann für die peripatetische Ethik als Antíochus von Askalon (*haec ab Antiocho, familiari nostro, dicuntur multo melius et fortius, quam a Stasea dicebantur*: 5, 75). Antiochus (ca. 84 - 74 Leiter der Akademie, z. T. mit großer Nähe zur Stoa; Lucullus 132) tritt – oft in unzulässiger Weise – für eine Harmonisierung von Akademie, Peripatos und Stoa ein; Akademie und Peripatos stünden sich ohnehin nahe, und die Stoiker hätten lediglich die Begriffe verändert bzw. neue eingeführt. Görler bezeichnet deshalb die ethische Position in fin. 5 als „antiocheisch-peripatetisch" (Untersuchungen 42). Deutlich wird dies vor allem dann, wenn Antiochus – nach Meinung von Pohlenz (Stoa 351) u. a. – den ersten Naturtrieb und die darauf aufbauende stoische Oikeiosislehre in die peripatetische Ethik einfügt (24 - 33). Auch die Güterlehre in 68 - 95 enthält viel Gedankengut des Antiochus. Görler vertritt neuerdings sogar die Überzeugung, daß fin. 5 „durchweg von seiner (~ des Antiochus) Lehre geprägt" ist (Schule 258).

Weitgehend Ciceros eigene Position?

Auf fin. 1 bzw. 3 folgt eine kritische Stellungnahme Cic.' in fin. 2 bzw. 4. Die Kritik der peripatetischen Position erscheint nicht in einem eigenen Buch. Cic. äußert nur in einem Gespräch mit Piso (5, 75 - 95) Bedenken gegen den Lehrsatz, die Weisen seien immer glücklich, und gegen die Unterscheidung der *vita beatissima* von der *vita beata* (77 und 81). Hinsichtlich der anthropologischen Voraussetzungen für ethisches Handeln (24 - 67) scheint für Cic. eine weitgehende Übereinstimmung mit seinem eigenen Standpunkt zu bestehen.

Das paßt zu dem von Görler (Untersuchungen 60 - 62) herausgestellten Verfahren Cic.' bei der Beurteilung der griechischen Philosophenschulen: Eine Position, die „sich ganz eng an das sinnlich Gegebene und Erfahrene hält" (d. h. hier die epikureische Lustlehre), lehnt Cic. ab. Die „extrem spekulative" Position (d. h. hier die Tugendlehre der Stoa) findet zwar seinen Respekt, er wahrt aber Distanz. Die mittlere Stufe (hier die peripatetische Position) entspricht Cic.' eigener Einstellung am meisten, wobei er sich freilich – gemäß seinem skeptischen und eklektischen Denkansatz – nicht ganz damit identifizieren will.

In fin. 5 setzt Cic. zwei Schwerpunkte: Zuerst werden die anthropologische Voraussetzung und die Begründung sittlich-guten Handelns erläutert: Jedes Lebewesen strebe nach dem *summum naturae* (*suae*), d. h. nach der vollkommenen Entfaltung seiner natürlichen Veranlagung (24 - 45); beim Menschen bestehe diese in der Erkenntnis und in einem durch die Vernunft ermöglichten und geleiteten sittlich-guten Handeln (48 - 67). Darauf wird in einem kürzeren Teil die Bedeutung der Güter, besonders der *bona externa* (~ der guten äußeren Lebensumstände), für das Erreichen der Glückseligkeit dargelegt (68 - 95).

So zeigt fin. 5 vor allem, was Cic. als Beitrag der peripatetischen Tradition seiner Zeit zur Frage nach dem *finis bonorum* angesehen und als für sich persönlich wichtig gehalten hat (↗ S. 24 zu 1, 6 *nostrum iudicium*).

1. Szenische Einleitung und Vorgespräch (1 - 23)

1 **Antiochus**: ↗ S. 57. – **Brutus**: ↗ S. 23 zu 1, 1. – **M. Piso**: ↗ S. 57.
in eo gymnasio, quod Ptolomaeum vocatur: ↗ zu *Academia.*
Quintus frater und **T. Pomponius**: ↗ zu 5, 3. – **Lucius Cicero**: ↗ zu 5, 5.
Acadēmīa: In den Gärten des Hērōs Akádēmos (mit Platanen- und Ölbaumpflanzungen) stand das Lehrgebäude Platons (↗ 2 *illi hortuli propinqui*), u. zw. an der Straße, die vom Dipylon, einem „Doppeltor" im Nordwesten Athens, nach Eleusis führte. Nach der Zerstörung des Lehrgebäudes hatte die Akademie ihren Sitz in einem vom ägyptischen König Ptolemaios II. Philadelphos (283 - 247) gestifteten Gymnasium.
Cum autem venissemus . . .: In der Akademie schildert nun jeder Gesprächsteilnehmer, wie er an bestimmten Punkten der Stadt an Geistesgrößen Athens erinnert wurde. – Zum Zeitpunkt des Gesprächs ↗ S. 17.
Auch der Maler Raffael sah die Akademie von Athen als geeigneten Ort an,

um die Erinnerung an die wichtigsten griechischen Philosophen anschaulich zu machen; er ließ die zeitliche Reihenfolge ebenfalls unbeachtet (↗ S. 86).

2 **Tum Piso**: Obwohl Piso ein Anhänger des Peripatos war, zeigt er sich jetzt beeindruckt vom Geist Platons und seiner Schule. Er war dabei vielleicht von Antiochus beeinflußt, für den die „alten Philosophen" Platon und Aristoteles eine Einheit bildeten (↗ S. 57 oben).

magis moveamur: Von dieser *vis admonitionis* (2) hat Cic. den Pomponius Atticus bereits in De legibus 2, 4 mit Bezug auf Athen sprechen lassen: „Wir werden nämlich irgendwie innerlich angerührt durch die Örtlichkeiten, an denen noch Spuren von den Persönlichkeiten vorhanden sind, die wir lieben oder bewundern. Mich jedenfalls erfreut jenes Athen, das ich schon mein Athen nenne, nicht so sehr durch großartige Bauten oder hervorragende Werke früherer Künstler als vielmehr durch die Erinnerung an die bedeutenden Männer, und zwar wo ein jeder zu wohnen, zu sitzen, Gespräche zu führen gewohnt war; voller Eifer betrachte ich auch ihre Grabmäler."

Speusippus, Xenocrates, Polemo: Sie waren ab 347 v. nacheinander Leiter der Akademie; zu Polemo ↗ S. 55.

curia . . . Hostilia: Die angeblich von König Tullus Hostilius Mitte des 7. Jh. v. erbaute Kurie ließ Sulla ca. 80 v. nach einem Brand restaurieren (*nova*). Der Gedanke an die alte Kurie weckt in Piso wehmütige Erinnerungen an von ihm (und auch von Cic.) geschätzte Politiker wie Scipio (wohl Aemilianus Africanus Minor), dessen Freund Laelius und Cato d. Ä.

memoriae . . . disciplina: Anspielung auf die *ars memoriae* des Dichters Simónides von Keos (5. Jh. v.). – In De oratore 2, 357 f. rät Cic. dem angehenden Redner, die Erinnerung durch räumliche Assoziationen zu fördern.

3 **Quintus**: Ciceros jüngerer Bruder Quintus hatte literarische Ambitionen; er schrieb eine Tragödie nach griechischem Vorbild.

Colonēus ille locus: Wohnsitz des Sophokles und auch Schauplatz seiner letzten (erhaltenen) Tragödie ‚Oedipus auf Kolonos' (401 postum aufgeführt).

illo mollissimo carmine: Damit beginnt die genannte Tragödie.

(*T.*) **Pomponius** (110 - 32 v.): Ein enger Freund Cic.', der für die Veröffentlichung seiner Werke sorgte. – Die Lehre des Epikur war ihm gut bekannt; mit dem Epikureer Phaidros unterhielt er – ähnlich wie Cic. (↗ S. 24) – enge persönliche Beziehungen.

in Epicuri hortis: Im Gartengrundstück „Kepos" lehrte Epikur von ca. 306 bis 270 v.; „Kepos" wurde auch zum Namen der epikureischen Schule.

vivorum memini: Das Sprichwort ist nur aus Petron 43, 1; 75, 8 bekannt.

cuius imaginem: Also eine sehr weitgehende Verehrung des Schulgründers durch seine Anhänger; ↗ 1, 65.

4 **se Athenis collocavit**: T. Pomponius lebte über 20 Jahre in Athen, das er *nostrae Athenae* nennt (leg. 2, 4; ↗ zu § 2 *magis moveamur*); er engagierte sich für die Stadt auch finanziell und bekam den Beinamen *Atticus.*

Metapontum: In dieser Stadt der Magna Graecia (westlich von Tarent) lebte Pythagoras (↗ E 1.1) zeitweise und starb dort ca. 496/7. Als Cic. die Stadt (wahrscheinlich im Zusammenhang mit seiner Studienreise nach Griechenland und Athen) besuchte, fand er nur noch Ruinen vor.

Carneades: Er leitete von ca. 164/160 bis 137/136 die Akademie von Athen. Cic. schätzte seinen Scharfsinn (*tanta ingenii magnitudo*) und seine skeptische Grundeinstellung; ↗ E 1.2 und S. 55.

5 **Lucius** (*Tullius Cicero*): Ein Vetter des Autors; Lucius starb 68 v., ca. zehn Jahre nach diesem Gespräch. Als Jüngster hatte er bis jetzt geschwiegen und soll nun ermuntert werden, über sein Interesse an den Rednern und Politikern Athens zu sprechen.

Demosthenes et Aeschines inter se decertare soliti sunt: Zwei oft konkurrierende Redner. Cic. denkt vielleicht an die Reden im Zusammenhang mit der Verleihung eines Ehrenkranzes an Demosthenes (330 v.), die er beide ins Lateinische übersetzt hatte (heute verloren); sie bildeten die Einleitung zu der erhaltenen Schrift ‚De optimo genere oratorum' (verfaßt im Sommer 46).

in Phalericum (*portum*): Demosthenes übte seine Stimme an einer Meeresbucht nahe bei Athen, was noch Quintilian (um 95 n.) empfiehlt.

Pericli sepulcrum: Perikles starb 429 v.; über sein Grab gibt es keine Erwähnung in der griechischen Literatur. Für Atticus sind die Gräber bedeutender Männer wichtig; ↗ zu 2 (*magis moveamur*).

6 **imitari**: Ein eindrucksvoller Aufruf, die großen Persönlichkeiten der Vergangenheit nachzuahmen, findet sich in Ciceros Rede Pro Sestio 143.

audistine modo de Carneade: Antiochus sprach also auch über die Ansicht des Karneades. Es ist hier vor allem an die *divisio Carneadēa* zu denken, eine Systematisierung der vorliegenden Lehrmeinungen zum *finis bonorum et malorum,* über die z. B. in 5, 16 - 20 referiert wird; ↗E 3.2-Anfang.

7 **ab hac Academía nova ad veterem** (*Academiam*): Zur „Neuen Akademie", für die sich einige Jahre nach der Abfassung von fin. der Name „Mittlere Akademie" einbürgerte, gehört u. a. Karneades. Die „Alte Akademie" (von Platons Tod 347 bis ca. 265 v.) leiteten die gleich genannten Speusippos, Xenocrates († 312 v.) und Polemo (↗ S. 55).

Ex eorum (~ *Peripateticorum*) **scriptis** . . .: In 9 - 12 vermittelt Piso einen Eindruck von der Bandbreite philosophischen Forschens in der peripatetischen Schule.

omnis sermo elegans sumi potest: Piso betont, daß die Peripatetiker nicht nur Regeln der Rhetorik (z. B. Aristoteles) vermittelt, sondern ihre Abhandlungen auch in einer *splendida et illustris oratio* verfaßt haben (10 f.).

poetae, musici: Der Komödiendichter Menander war Theophrasts Schüler. Der peripatetisch orientierte Aristoxenos (5, 20) schrieb bes. über Musik.

Fr 1. Stellen Sie anhand von E 1 fest, welche wichtigen griechischen Philosophen im Proömium nicht genannt werden!
2. Vergleichen Sie (eventuell im Rahmen eines Kurzreferates) die szenischen Einleitungen zu fin. 1, 3 und 5! Bei welchen ist eine ähnliche Struktur festzustellen? Welches Proömium scheint Ihnen besonders gelungen zu sein? (Begründen Sie Ihre Meinung!)
3. Beim Proömium zu fin. 5 zeigt sich Cic. nach dem Urteil von W. Süß „auf der Höhe schriftstellerischen Könnens" (270). Ist dieses Urteil im Blick auf Thematik und Stil berechtigt?

2. Streben nach voller Entfaltung der Veranlagung (24 - 67)

Alle Lebewesen haben nach Aristoteles ihre eigene natürliche Veranlagung. Diese macht zugleich ihre *potentia,* ihre zu verwirklichenden Möglichkeiten, aus. Nur wenn die Lebewesen diese dann auch entfalten, können sie ihre Bestimmung vollenden.

2.1 Körperliche und geistige Veranlagung (34 - 40)

(vgl. H. Leretz, der die peripatetischen Aussagen über den Menschen im Kontext der antiken Anthropologie betrachtet)

34 **hominem e corpore animoque constare, cum primae sint animi partes**: Eine dem griechischen Denken ganz geläufige Anschauung, die sich natürlich auch bei Aristoteles findet.
Eine Übersicht über die Konsequenzen, die aus dieser grundlegenden Feststellung zur Anthropologie im griechischen Denken gezogen worden sind, bietet der Artikel ‚Psyche' im ‚Lexikon der Alten Welt', Sp. 2468 f.
ita figuratum corpus, ut excellat aliis: Aristoteles betrachtet den Menschen auch körperlich als „das vollkommenste Geschöpf in der Natur" (Flashar 408).
(*menti*) **tota hominis natura pareat**: Nach Aristoteles, Politika 1254 b 6 - 9 ist es für den Körper naturgemäß, daß er von der Seele gelenkt wird.
An anderer Stelle vergleicht Aristoteles das Verhältnis von Körper und Seele mit dem von Materie und Form, so daß dann die Seele die sog. Entelechie (↗ E 1. 3) des Körpers ist. Vgl. auch Leretz 38.
vis rationis et cognitionis et scientiae virtutumque omnium: Der *mens* verdanken wir das schlußfolgernde Denken (*ratio*), den Vorgang des Erkennens (*cognitio*), das Sachwissen (*scientia*) sowie das sittlich-gute Handeln (*virtus*). In diesen Bereichen entfaltet sich das Streben des Menschen *propter se*; hier kann der Mensch sein besonderes *extremum* erreichen. Die Liebe zu *cognitio/scientia* wird in 48 - 54 (58), die zu *virtutes/honestum* in 59 - 64 dargestellt. Dabei meint *cognitio* das Ergründen von Verborgenem, z. B. die Selbsterkenntnis des Menschen und die Erkenntnis der *res occultae* in der Natur (9 f. 41. 44). Das Nachdenken des Philosophen ist wesentlich *contemplatio et cognitio rerum* (11; ↗ BT 1). *Scientia* ist Wissen von Sachverhalten, die offen zutage liegen, die man sich leicht aneignen kann und die vor allem für die Ausübung eines praktischen Berufes wichtig sind, z. B. das Wissen des Weinbauern (39).
quae corporis sunt: In 35 f. wird eher allgemein erläutert, was im Bereich des Körpers *aptum ad naturam* ist bzw. wie die natürliche Veranlagung zu einer sinnvollen Entfaltung kommt. In 46 f. wird hervorgehoben, was speziell für den Menschen im Bereich des Körpers um seiner selbst willen erstrebenswert ist.

36 **virtutes . . . non voluntariae**: Diese Erläuterung geht letztlich auf Aristoteles, Magna moralia 1185 b 6 zurück.
virtutes . . . in voluntate positae: Nach Aristot. NE 1113 b 3 - 1114 b 25 basieren die ethischen Tugenden auf einer freien Willensentscheidung.

quae fere omnia: *Omnia* bei einem Bezug auf zwei Eigenschaften überrascht; vielleicht ist die Entsprechung zur dritten Eigenschaft bei Aristoteles („Scharfsinnigkeit“) ausgefallen.

prudentiam temperantiam fortitudinem iustitiam: Die durch Platon klassisch gewordenen vier Kardinaltugenden, die dann in 67 näher erläutert werden. In der NE des Aristoteles werden sie nicht erwähnt. Wichtig ist hier die Unterscheidung zwischen den dianoëtischen (aus dem Verstand sich ergebenden) Tugenden (besser: Tätigkeiten/Tüchtigkeiten) und den ethischen Tugenden; ↗ BT 4 und Vorbemerkung zu Epikur 2.4 (S. 30).

37 **quoniam ipsi a nobis diligamur**: Gemäß der stoischen Oikeiosislehre (↗ zu 3, 16b). Diese war schon 5, 24 aufgenommen worden: *Omne animal se ipsum diligit ac, simul et* (~ *simulatque*: W) *ortum est, id agit* (darauf hinarbeiten), *se ut conservet, quod hic ei primus ad omnem vitam tuendam appetitus* (Streben) *a natura datur, [se ut conservet] atque ita sit affectum* (in einem solchen Zustand sein), *ut optime secundum naturam affectum esse possit.*

omniaque et in animo et in corpore perfecta (*velimus esse*): Gemeint ist die *hominis natura úndique perfecta* (26).

cariores, quo perfectiores: Über viele Stufen (40) führt der Weg zur Vollendung (*perfectio*); die Fortschritte sind mit einer Steigerung der Wertschätzung verbunden. Die Entfaltung der geistig-seelischen Fähigkeiten hat einen höheren Grad der Vollkommenheit und damit einen höheren Wert als die der körperlichen.

in eoque summum bonum poni necesse est: Diese doppelte Voraussetzung des erstrebenswerten Lebens (*animi corporisque virtutes*) wird kurz darauf – im peripatetischen Sinn – um die äußeren Güter (*earum rerum*) erweitert.

motus et status: Das wird im folgenden nur für den Körper erläutert.

38 **virtutes voluntariae ... ex ratione gignuntur**: ↗ 36. Die Ratio leitet auch zu sittlichem Wollen an.

(*ratione*) **nihil est in homine divinius**: Vgl. 57 *optima parte hominis, quae in nobis divina ducenda est, ingenii et mentis acie.*

40 **prima commendatione naturae**: ↗ zu 37 (*quoniam*).

multis gradibus adscendit . . .: Der Mensch ist im körperlichen und geistig-seelischen Bereich von Natur aus mit allem ausgestattet, was zu seinem Wesen gehört (59 *Natura . . . animum . . . ita perfecit ut corpus*). Die *virtutes corporis et animi* sind ihm angeboren.

ex integritate corporis et ex mentis ratione perfecta: ↗ zu 37 (*omnia et . . .*). Die vollendete Entfaltung ist also nicht auf den geistig-seelischen Bereich beschränkt. – Die Stoa engt dagegen die Vollendung auf das sittlich-gute Handeln ein.

Fr Stellen Sie mit Hilfe einer Wortkunde, die nach Sachgebieten aufgebaut ist, fest, was zu *animus* gehört, und bewerten Sie die Übersetzung mit „Geist“ bzw. „Seele“!

2.2 Zunehmende Erkenntnis dieser Veranlagung (41 - 44)

41 **Progredientibus autem aetatibus . . . cognoscimus**: In 42 und 48 - 58 wird geschildert, wie sich der Erkenntnisdrang beim Menschen entwickelt und worauf er sich richtet.

ad quae nati sumus: Diesen Gedanken von der höheren Bestimmung des Menschen hatte Cicero schon gegen Epikurs Lustlehre geltend gemacht: *Ad altiora . . . nati sumus* (2, 113; ↗ S. 42). Aristoteles meint damit die „Bestimmung (des Menschen) als eines politischen und eines vernunft- und sprachbegabten Lebewesens" (Höffe 229). – In fin. 5 ist aber auch an eine stoisch beeinflußte Bestimmung des Menschen zu tugendhaftem Leben zu denken: *Est enim naturā sic generata vis* („Wesen") *hominis, ut ad omnem virtutem percipiendam facta videatur* (43).

44 **in rerum naturam**: Im Zusammenhang ~ *in hominis naturam.*

noscere nosmet ipsos: Das stand als Aufforderung Γνῶθι σεαυτόν (*Gnōthi seautón*) auf dem Tempel des („pythischen") Apollo in Delphi. Es ist eine altgriechische Weisheit, die mehreren der sog. Sieben Weisen zugeschrieben wird. Sie paßt nach Gigon vortrefflich zur peripatetischen Anthropologie. „Bei Platon dagegen kommt es (schroff gesagt) nicht darauf an, daß sich der Mensch selbst erkennen, sondern darauf, daß er die Idee des Guten schauen soll." (551)

vim corporis animique: Die Möglichkeit (*potentia*), die in beiden Bereichen gegeben ist und verwirklicht werden muß.

Fr Wenn man sich selbst erkennt, dann erkennt man, wozu der Mensch geboren ist und was ihn von den übrigen Lebewesen unterscheidet. Stimmen Sie dieser Aussage (des Textes) zu?

2.3 Streben nach Wissen und Erkenntnis (48 - 58)

Das Handeln des Menschen hat ein doppeltes Ziel: Wie alle anderen Lebewesen erstrebt der Mensch – ausgehend von der (in der stoischen Oikeiosislehre betonten) Selbstliebe und Selbsterhaltung – die vollkommene Entfaltung der in seiner Natur begründeten *virtutes* (↗ 24 - 45). Bei der Ausbildung der Kräfte des Verstandes werden weit höhere Ziele deutlich, die Erkenntnis und (ab 59) das sittlich-gute Handeln. (4, 37 *In homine perfectio ista in eo* [Neutrum!] *potissimum, quod* [„was"] *est optimum – id est in virtute – laudatur.*) Beides hat seinen Wert in sich, ist für den Menschen ein *propter se/per se expetendum* (5, 50. 60 f. 64).
Damit ergibt sich ein wichtiger Unterschied zur Stoa, den Cic. schon in 4, 24 - 43 hervorgehoben hatte: Aus stoischer Sicht erstrebe der Mensch zunächst ein *secundum naturam vivere,* danach ein *honeste vivere* (3, 16b - 26a). Als die Stoiker die Schönheit der *virtus* erblickt hatten, sei alles andere für sie unwichtig geworden (4, 26). Für die Peripatetiker seien die ersten Impulse der Natur bereits der Beginn eines Weges zur Tugend, den die *ratio* dann vollende (5, 59 - 60; 4, 35). Nach Gigon 544 ist es „peripatetisch-theophrastisch . . ., daß zum Naturgemäßen von vornherein die Anlagen zur

Tugend gehören. Damit soll jeder Bruch zwischen einer Phase der Naturgemäßheit und einer Phase der Tugendgemäßheit, wie ihn die Stoa (und in anderer Weise auch Epikur) annimmt, vermieden werden."

48 **innatus**: Vgl. 2, 40 . . . *hominem ad duas res, ut ait Aristoteles, ad intellegendum et agendum, esse natum . . .;* ↗ zu 5, 41 (*ad quae*).
nullo emolumento invitata: Bei diesem Streben gibt es keine Nützlichkeitserwägungen (50 *nullā utilitate obiectā*), aber ein gewisses geistiges Vergnügen (s. unten). In 51 gesteht Piso/Cicero, daß ihm das Studium der Geschichte auch Nutzen und Vergnügen bringe.
pueri: Ihr Verhalten ist für die antike Ethik ein wichtiger Hinweis bei der Bestimmung des letzten Handlungszieles; vgl. 1, 71 und 3, 16.
vel famem et sitim perferant: Dieses Streben kann also sogar *contra naturam* sein. In 54 erwähnt Piso/Cicero seine Gewohnheit, *agendi aliquid discendique causā prope contra naturam vigilias suscipere.*

Fr Typisch für einen neugierigen Menschen ist es (nach 49) *multa/omnia scire.* Inwiefern kann daraus ein *amor cognitionis* werden?

2.4 Streben nach virtus um ihrer selbst willen (59 - 64)

59 **Natura igitur . . . nihil amplius**: Rekapitulation von 24 - 58, verbunden mit einer Annäherung an stoische Vorstellungen.
Natura . . . genuit et formavit . . . perfecit . . . ornavit . . .: Diese Aussage scheint eher zur Stoa zu passen, die von einer schöpferischen und gestaltenden Kraft der (All-)Natur spricht; vgl. Pohlenz 64 - 68 und BT 6.1.
Allerdings bezeichnet auch Aristoteles die gesamte bewegte Körperwelt gelegentlich als φύσις (*phýsis;* lat. *natura*), die gleichsam personifiziert gedacht wird; so auch 38 *creat natura et tuetur.* Dies könnte der Ansatzpunkt für das Bemühen des Antiochus (↗ S. 57) gewesen sein, auch in der Naturlehre Gemeinsamkeiten des Peripatos und der Stoa zu sehen.
Wird aber auch in 24 - 58 von *natura* in dem eben angedeuteten, eher stoischen Sinn gesprochen? Dort geht es um ein von innen her wirkendes Prinzip, eine *vis naturae* (32). Jedes Lebewesen hat eine ihm eigene *natura,* orientiert sich an dem, *quod cuiusque natură desideret* (25). Über den Ursprung der *vis naturae* sind sich die (antiken) Gelehrten uneins: Entweder gebe es eine *maior causa atque divinior* oder es sei der Zufall (33).
ad suam confirmationem: Vielleicht ein Hinweis auf das vielerörterte Problem, ob sich aus den Sinneseindrücken zuverlässige Erkenntnisse gewinnen lassen. Epikur bejaht es (↗ 1, 64), Karneades bestreitet es. Die methodische Skepsis der mittleren Akademie (↗ zu 7 *ab hac*) hinsichtlich sicherer Erkenntnis behandelt Cic. in dem (unvollständig erhaltenen) Werk ‚Academici libri'.
talem mentem, quae omnem virtutem accipere posset: Schon in 43 wurde behauptet, daß der Mensch offensichtlich dazu geschaffen ist, daß er für alle Tugenden „empfänglich" ist.
ingenuit sine doctrina . . .: Bereits bei kleinen Kindern seien erste Regungen der sittlich-geistigen Kräfte zu beobachten, ohne daß sie dahingehend belehrt

worden wären. Wesentlich ist für den Menschen, daß er für eine Unterweisung empfänglich ist.

60 **artis est**: Nicht eine praktische Fähigkeit oder spezielle Wissenschaft (τέχνη/ *téchnē*), sondern die durch die Philosophie vermittelte *ars vivendi* (16; vgl. 3, 4 *ars est enim philosophia vitae*).

sensūs aut corporis ea ⟨**bona**: Gigon⟩, **quae diximus**: Die *sensus* (wohl Akk. Plur., nicht Gen. Sing.) werden nur § 59 kurz gestreift (*idoneis ad*...), die Vorzüge des Körpers werden 46 f. behandelt und 59 zusammengefaßt; *quae diximus* bezieht sich wohl auf die Zusammenstellung beider Begriffe in § 59. Die Stoiker denken hier an *integritas sensuum* und *valetudo* (3, 51).

tantum praestat mentis excellens perfectio: Jetzt wird nach Gigon 555 f. der Einfluß des Antiochus spürbar: „Da beginnt die von 71 an massiv durchbrechende Tendenz, der altperipatetischen Konzeption einer Gesamtnatur, an der Körper und Seele im Prinzip ebenbürtig beteiligt sind, eine der Stoa weit näher stehende These gegenüberzustellen, in der die körperlichen Güter den seelischen gegenüber in die Belanglosigkeit versinken."

quae virtuti sunt consentaneae: ↗ 66 f.

62 **qui non moveatur**...: 62 - 64 belegt das mit historischen Beispielen.

qui non oderit libidinosam, protervam adulescentiam: Klagen über die Frechheit der Heranwachsenden haben also eine lange Tradition!
In der Rede Pro Caelio 42 gesteht Cic. aber der Jugend zu: *Sit adulescentia liberior; non omnia voluptatibus* (*adulescentium*) *denegentur* (eher als ein Allgemeinplatz formuliert).

2.5 Gemeinschaftssinn als Konkretisierung der virtus (65 - 67)

Die Gedanken dieses Abschnittes haben ihren Ursprung in Aristoteles, Politika 1252 a 1 - 1253 a 38. Es besteht auch eine große Ähnlichkeit zu der in 3, 62 - 64 dargelegten stoischen Position. Pohlenz wertet daher diesen Abschnitt als stoische Aussage (Stoa, Texte 134).

65 **communicatio utilitatum**: ↗ 3, 63. Nach Cic. rep. 1, 39 ist die *utilitatis communio* ein Wesenselement des Staates.

caritas generis humani: Die Hinwendung zum Mitmenschen entwickelt sich aus der Selbstliebe; ↗ 3, 62.

Quae nata...: Nun wird die (stoische) Oikeiosislehre vorgetragen; ↗ zu 3, 16b.

qui publice socii atque amici sunt: Anspielung auf innenpolitische Zweckbündnisse oder auf außenpolitische *societates/amicitiae.*

suum cuique tribuens: Diese geläufige Definition der (distributiven) Gerechtigkeit findet sich bei Cic., z. B. in fin. 3, 67, off. 1, 15 oder rep. 3, 24. Die distributive Gerechtigkeit konnte nach Hossenfelder 66 leicht in die (stoische) Oikeiosislehre integriert werden, denn der ursprüngliche Trieb der Selbstfürsorge schließt die Sorge für den anderen ein; der andere ist ja kein Artfremder, sondern eine andere Ausprägung meiner selbst.

iustitia..., **cui sunt adiunctae**...: Schon für Platon war die Gerechtigkeit eine zentrale Tugend (besonders im ‚Staat'); Aristoteles spricht diesen Gedanken in NE 1129 b 26 - 1130 b 20 an, indem er das Sprichtwort „In der Gerechtigkeit ist alle Tugend zusammengefaßt“ erläutert. Wichtig ist, daß die Gerechtigkeit „auf einen anderen bezogen“ ist, was nach 67 für alle (ethischen) Tugenden gilt (*quasi foras spectans*).

66 **πολιτικόν**: Genauer φύσει πολιτικὸν ζῷον (*phýsei politikòn zṓon*), ein von Natur aus auf das Leben in der Polis bezogenes Lebewesen (Aristoteles, Politika 1253 a 3 und NE 1097 b 11). Vgl. Höffe 229 f.

conspiratio consensusque virtutum: Die Einheit und Wechselbeziehung der Tugenden nehmen bereits Platon (mehrfach) und Aristoteles an (z. B. NE 1144 b 30 - 1145 a 2), sie wird aber erst „in der Stoa systematisch ausgebaut“ (Gigon 557). Vgl. Stoa, Texte 125 - 127.

vita . . . naturae congruens: Ein (äußerer) Anklang an die stoische Formel *congruenter naturae convenienterque vivere* (↗ 3, 26); im Kontext der peripatetischen Ethik ist die Formulierung aber als Übereinstimmung mit der natürlichen Veranlagung des Menschen zu verstehen.

67 **tamen proprium suum cuiusque munus est**: Die Umschreibungen der vier Kardinaltugenden entsprechen in etwa dem Verständnis der Stoa; vgl. Stoa, Texte 124.

Atqui eorum nihil est . . .: Ganz im Sinne des Peripatos erfolgt der Übergang zur Güterlehre (68), denn nach der aristotelischen Telos-Formel (d. h. nach der Definition der Glückseligkeit; Aristot. NE 1101 a 14 - 16) gehört zur Glückseligkeit auch die dauerhafte Ausstattung mit äußeren Gütern. Mit *finis atque extremum bonorum* gibt Cic. eine stoische Deutung dieser Theorie (vgl. auch Gigon 557).

Fr Überlegen Sie, inwiefern der Zusammenhalt der Menschen durch aktives Bemühen um das Gemeinwohl eines Staates bzw. das Wohl der Völkergemeinschaft oder durch (bloße) gegenseitige Zuneigung gewährleistet wird!

3. Bedeutung von virtus und bona für die vita beata (68 - 95)

Auf die vorher dargelegte vollkommene Entfaltung der natürlichen Veranlagung als *summum naturae* wird wenig Bezug genommen. Die Beziehung zwischen den *virtutes corporis/animi* und der jetzt wichtigen Einteilung *bona corporis/animi/externa* wird nicht geklärt. Das Fehlen einer deutlichen Verklammerung mit den vorherigen Ausführungen wird in der Forschung ziemlich einhellig damit erklärt, daß Cic. jetzt einer anderen Tradition (als in 46 - 67) folgt und sich der Güterlehre des Antiochus von Askalon anschließt (↗ S. 57). Immer wieder wird (wie schon in 3, 41 - 48) der Unterschied zur stoischen Güterlehre, vor allem zur Lehre von den Adiaphora, betont.

3.1 Differenzierung der bona (68)

duo genera (*bonorum*): Nach der peripatetischen Güterlehre sind es eigentlich drei Arten (sog. Dreigüterlehre), nämlich *bona animi, bona corporis* (sie beide bilden hier *unum genus*) und *bona externa*.

duo genera (*bonorum*) **propter se expetendorum**: Das Streben nach Erkenntnis *propter se* als *bonum animi* wurde bereits 48 - 58 ausführlich und zwar im aristotelischen Sinne erläutert. Hinsichtlich der *bona corporis* hieß es 47: *Valetudinem vires vacuitatem doloris non propter utilitatem solum, sed etiam ipsas propter se expetemus.* Statt *propter se expetenda* heißt es hier nur *suā sponte cara.*
(completur) illud extremum: ~ *finis atque extremum bonorum* (67-Ende). Der Gedanke, daß das *summum bonum* in dem Zusammenwirken der voll entfalteten körperlichen und geistigen Güter besteht, begegnet ähnlich 40.
Nec vero . . .: Die *bona externa* haben hier deutlich geringeren Rang als die vollkommen(er)en *bona animi/corporis* – im Unterschied zur aristotelischen Dreigüterlehre. Ein Ansatz zu dieser Wertung besteht allenfalls darin, daß der von Aristoteles am höchsten gepriesene *bíos theōrētikós* (ein Leben der geistigen Betrachtung) weitgehend autark (selbstgenügsam, unabhängig) macht und auf Freunde o. ä. (die in 5, 67 - 69 zu den *bona externa* gerechnet werden), verzichten kann (Gigon 557 f.).
summum bonum: Es bleibt bei der insgesamt nicht konsequenten Darstellung Ciceros – die Textauswahl umgeht z. T. die logischen Unstimmigkeiten – unklar, wieweit der Begriff noch im peripatetischen oder schon eher im stoischen Sinn gesehen wird. Auf diese stoische Sicht weist etwa die in der Auswahl weggelassene Aussage (69 b), das Ruhmesstreben habe eine gewisse Ähnlichkeit mit der *honestas;* die wahre *honestas* wird umschrieben mit *undique perfecta atque absoluta, res una* (pleon.) *praeclarissima omnium maximeque laudanda.* Wenn *summum bonum* als *honestas* verstanden wird (vgl. auch 73 *honestate . . ., quae a nostris [Peripateticis] laudata maxime),* dann bedeutet das eine Abkehr von der Bewertung der vollendeten Erkenntnis als *summum bonum* durch Aristoteles (↗ BT 4) und Theophrast. Cic. teilt nämlich die Skepsis der Mittleren Akademie, ob eine sichere Erkenntnis überhaupt möglich ist (↗ E 1.2), und kann sich deshalb leichter dem (nach 3, 28 eher stoischen) Verständnis des *summum bonum* von Antiochus anschließen.

Fr Vergleichen Sie die Bewertung der *bona externa* durch Antiochus mit der stoischen Lehre von den Adiaphora (↗ 3, 50 - 53)!

3.2 Bedeutung der bona für die vita beata (69 - 74)

69 **Hac videlicet ratione** . . .: Aristoteles begründet die Bedeutung der *bona* (*externa*) für das glückliche Leben nicht mit dem sittlich-guten Handeln bzw. den davon abgeleiteten Aufgaben (NE 1099 a 31 - b 7). Es liegt also wieder eine Harmonisierung mit stoischen Anschauungen vor.
quod ita fungi officio in recte factis est: Das καθῆκον/*officium* wurde erst durch den Stoiker Zenon in die Ethik eingeführt. Die Formulierung stimmt allerdings nicht ganz mit stoischen Anschauungen überein, denn in der Stoa wird zwischen *officium* (~ rationales Handeln) und *recte factum* (~ sittliches Handeln) unterschieden; ↗ 3, 59.
72 **principia naturae**: Zum stoischen Verständnis dieser *principia* ↗ 3, 20.

Fr Vergleichen Sie die Aussagen über die (geringe) Bedeutung der *bona corporis* für das glückliche Leben mit 5, 37!

3.3 Geringe Beeinträchtigung der vita beata durch mala (75 - 78)

Zur Kürze der Kritik ↗ E 3.2!

77 **a te nimium festinanter dictum**: Verweis auf die Formulierung in 71, die eher überschwenglich ist und fast schon stoisch klingt.
etiam malis quibusdam affecti beati sint: Eine *vita beata* ist also trotz kleinerer Unannehmlichkeiten (78 *mala . . . exigua et paene minima*) möglich. Die Stoa nimmt hier eine extreme Haltung ein: Auch auf der Folter verliere der (stoische) Weise nicht die Tugend oder die *vita beata*; ↗ zu 3, 29.
sed quanta sit, alias: Nämlich in 86b - 95.
nunc tantum . . .: Auf diese Frage Cic.' ist zu antworten, daß das *bonum* (aus stoischer Sicht) ganz bzw. (aus antiocheisch-peripatetischer Sicht) ganz überwiegend in einem tugendhaften Leben besteht. „Beschwernisse" beeinträchtigen also die *vita beata* nicht bzw. kaum.
78 **mala illi** (*Stoici*) **non audent appellare**: ↗ 3, 50 f.
in parvis malis . . .: Die Zweifel Cic.' an der geringen Beeinträchtigung der *vita beata* durch kleinere Übel versucht Piso durch zwei Vergleiche zu entkräften: Bei einem Weizenfeld mit reichen Ähren sei auch dann nicht an einer guten Ernte zu zweifeln, wenn man irgendwo einen Haferhalm (d. h. Unkraut) sehe; ähnlich verhalte es sich bei einem gewinnträchtigen Warengeschäft, wenn ein kleiner Verlust damit verbunden sei (91).

Fr Wo liegt in 77 (*Utrum . . .*) ein direkter, wo ein indirekter Fragesatz vor? Bestimmen Sie die Fragepartikel!

3.4 Überragende Bedeutung der virtus für die vita beata (79 - 95)

82 **Q.** (*Caecilius*) **Metellus** († ca. 115 v.), **qui tres filios consules vidit**: Alle vier Söhne wurden Konsuln (123, 117, 115 und 113 v.).
quartum autem praetorem: Der Vater erlebte bei ihm nur dieses Amt.
tres filias nuptas: Wir kennen nur zwei Töchter des Metellus, die in angesehene Familien einheirateten (Plin., nat. hist. 7, 59 f.).
nonne (*Metellus*) **beatior** (*fuit*): Das Glück, das Metellus nach allgemeiner Einschätzung mit seinen Kindern hatte, wurde zum verbreiteten Wunschtraum: *Metelli sperat sibi quisque fortunam* (Tusc. 1, 86).
(*M. Atilius*) **Regulus**: In karthagische Gefangenschaft geraten, sollte er ca. 250 v. in Rom für einen Gefangenenaustausch (oder für den Frieden) wirken, was ihm selbst die Freiheit, den Römern aber Nachteile gebracht hätte. Er wählte, seinem Versprechen gemäß, die Rückkehr zu den Feinden und damit Gefangenschaft und schlimmste – in der römischen Literatur drastisch ausgemalte – Foltern. Sein Handeln war von ethischen Maßstäben (*virtus*) bestimmt, so daß er zu einem aus römischer Sicht besonders vorbildlichen Mann wurde. War er aber auch glücklich?

(83) **qui potest esse quisquam alius alio beatior?** Diese Frage beschäftigt auch Sen. in epist. 85, 19 - 23. – Cic. äußert Zweifel aus der Sicht der Stoa und erläutert deren Position ausführlich in Tusc. 5, 21 - 75.

Fr 1. Wann kann man im Deutschen vom „kleinen Glück“ sprechen?
2. Erstellen Sie eine Satzanalyse von 95 (*Haec igitur . . . beatior.*)!

4. Abschließende Würdigung der peripatetischen Ethik (96)

74 **digna studiosis** . . .: Ein ähnliches Lob des Peripatos stimmt Cic. in Tusc. 3, 22 an: *Peripatetici, quibus nihil est uberius, nihil eruditius, nihil gravius.*

96 **nec minus plane, quam dicuntur a Graecis**: Das ist eher eine Anerkennung für den Autor Cic., den ja das Problem reizte, wichtige Positionen griechischer Ethik sachgerecht und auch literarisch anspruchsvoll in lateinischer Sprache darzustellen; ↗ Proömium (fin.1, 1 - 12).

Fr Für wen ist die peripatetische Ethik (aus der Sicht von Piso/Cic.) geeignet? Ist sie auch für Sie geeignet?

Anhang: Hinweise zum Weiterleben der peripatetischen Ethik in Rom

„In Ciceros philosophischem Werk steht der Peripatos, verglichen mit der Akademie, mit der Stoa, ja selbst mit Epikur eher im Hintergrund“ (Görler, Schule 246), obwohl in fin. und Tusc. häufig Vertreter der peripatetischen Schule genannt werden. Voraussetzung für dieses Urteil ist, daß sich Cic. in fin. 5 weitgehend dem für die Stoa aufgeschlossenen Akademiker Antiochus von Askalon (↗ S. 57) anschließt (nach Görler, Schule 258, gegen Gigon).

In der römischen Kaiserzeit war man eher an den Positionen der Stoa und des Epikureismus interessiert (↗ S. 54 und 40), da sie infolge ihrer inneren Geschlossenheit leichter erfaßt werden konnten. Der Unterschied zwischen Aristoteles und Platon wurde von Antiochus von Askalon nivelliert, was freilich eher eine Angleichung des peripatetischen Denkens an die Position der Akademie bedeutete als umgekehrt. Der im 3. Jahrhundert n. Chr. aufkommende Neuplatonismus verstärkte diese für den Peripatos ungünstige Tendenz bis zum Ende des Altertums. Zudem bot der Überlieferungszustand der aristotelischen Schriften wenig Sicherheit; außerdem hatten die Römer mit dem Griechischen des Aristoteles zunehmende Schwierigkeiten. So versuchte man in der Kaiserzeit eher, seine Schriften zu sichten und zu edieren, sie durch Kommentare zu erschließen und ins Lateinische zu übersetzen.

Diese Aufgabe übernahm zu Beginn des 6. Jh. – neben seinen hohen politischen Funktionen am Hof Theoderichs – Boethius: „Ich will sämtliche Schriften des Aristoteles ins Lateinische übersetzen und kommentieren, soweit sie mir zugänglich sind. Seine subtile Logik, seine tiefgründige Moralphilosophie, seine kühnen Gedanken über die Natur, dies alles werde ich in gebührender Ordnung darstellen, so wie es in seinen Schriften dasteht, in Übersetzung und von meinen eigenen Betrachtungen beleuchtet.“ Obwohl er diesen Plan wegen seiner Hinrichtung (524 n.) nur teilweise ausführen konnte, wurde er „in der lateinischen Welt . . . beinahe der alleinige Vermittler des Aristoteles bis zum Beginn des XII. Jahrhunderts“ (Düring 130).

P. P. Rubens († 1640) – Der sterbende Seneca. München, Alte Pinakothek

SENECA, EPISTULAE MORALES AD LUCILIUM

1. Inhalte und Ziele der Philosophie

1.1 Teilbereiche der Philosophie (ep. 89, 9)

(vgl. Gegenschatz, Philosophie im LU: er geht von diesem Textausschnitt aus und behandelt dann die Logik; Grimal 254 - 260; Hadot 108 - 120)

et maximi et plurimi auctores: Damit sind alle älteren Stoiker gemeint, denn die beschriebene Einteilung ist stoischer Gemeinbesitz.
Der kurze Abschnitt enthält die damals gängige Einteilung der Philosophie in ihre drei Hauptgebiete (↗ E 1.1): Ethik (*moralis*, von Cic., de fato 1 eingeführt), Physik (*naturalis*) und Logik (*rationalis*; bei Cic. *ratio disserendi*). Die in 88, 24 gegebene übliche Reihenfolge *naturalis, moralis, rationalis* folgt in etwa der historischen Entwicklung (Vorsokratiker: Naturphilosophie; Sokrates: Begründer einer philosophischen Ethik; Platon und Aristoteles: Logik als Wissenschaft). Platons Schüler und zweiter Nachfolger Xenokrates († 312 v.) nahm diese Dreiteilung ausdrücklich vor, die bis zum Ausgang der Antike gültig war.
Die Stoiker übernahmen wohl diese Tradition, rückten aber oft die Ethik an die erste Stelle, zumal Seneca (z. B. hier und 89, 14; s. u.). Für ihn gilt: *Philosophia studium virtutis est* (89, 6) bzw. 65, 15 *me prius scrutor* (W), *deinde hunc mundum.* Die stoische Physik umfaßte neben der Summe der Naturerscheinungen (*natura rerum*) auch die Theologie. Da die Physik bzw. die Metaphysik, in der das Wesen der Welt erforscht wird, die Grundlage und Vollendung der Ethik enthält, wird sie auch vorangestellt (vgl. Cic. Tusc. 5, 68 - 72). Die stoische Logik wiederum, die gegenüber Aristoteles deutlich fortentwickelt wurde (Hossenfelder 74 - 79) und mit der der große Dialektiker Chrysipp im Unterricht begann, dient der begrifflichen Erfassung der Ethik. Die Logik umfaßte übrigens bei den hellenistischen Philosophen Dialektik und Rhetorik (vgl. Sen. ep. 89, 17), während Senecas Übersetzung *rationalis* an Rhetorik nicht denken läßt; doch sind bei *structura verborum* (s. u.), d. h. bei der „Lehre von den Eigentümlichkeiten der Wörter und ihrer Verbindung zu dem Bau der Rede, also Grammatik und Rhetorik“ gemeint (Hauck 27). Die Gleichsetzung von Logik und Dialektik kommt erstmals im 6. Jh. n. auf und begegnet bis ins 19. Jh.
Das gegenseitige Verhältnis der drei Bereiche, die der Sache nach eine untrennbare Einheit bilden (wie Poseidonios betont), wird von der Stoa mit mehreren Gleichnissen verdeutlicht (Diogenes Laërtios 7, 40), z. B.

Philosophie:	Logik	Physik	Ethik
wie Acker:	Umzäunung	Erdreich	Frucht
bzw. Lebewesen:	Knochen/Sehnen	Seele	Fleisch

Die Gliederung der Philosophie dient der besseren Erkenntnis ihres gesamten Umfangs; die Einteilung ist keine „Zerschlagung“ (§ 1 - 3).
Die zunehmend längere Umschreibung der drei Teile (der letzte als Trikolon formuliert) spiegelt nicht die Bedeutung wider, die die Logik für Seneca hat.

proprietates verborum – **structura** *(verborum)* – **argumentatio**: Diese Umschreibung der Logik entspricht dem systematischen Fortschreiten vom genauen Sinn der Wörter über die Verbindung der Wörter zu Aussagen im Satz bis zur Aneinanderreihung der Sätze bei der Beweisführung, d. h. den drei klassischen Kapiteln der Logik: Begriff – Urteil – Schluß.

Zu den im Text angedeuteten Abweichungen von der Dreiteilung erwähnt Seneca in 10 - 13 u. a. eine Vermehrung um Politik und Ökonomie bei den Peripatetikern sowie eine Verminderung bei den Epikureern: Sie haben keine eigene Dialektik (*qui [Epicurus] totam dialecticam et contemnit et irrídet:* Cic. Acad. 2, 97), aber einen Abschnitt *de iudicio et regula* (z. B. Cic. fin. 1, 63 f.) – die sog. Kanonik, freilich als Teil der Naturphilosophie.

Innerhalb der E t h i k unterscheidet Seneca wiederum drei selbständige Einheiten (vgl. 89, 14):

1. Bestimmung des Werts der Dinge als Grundlage/„Wertlehre" (*quanto quidque dignum sit* bzw. *pretia rebus imponere*), die unser Handeln reguliert. Themen dieser „Wertlehre" bestimmen daher die ersten Briefe: Kostbarkeit der Zeit – Wissen um die Todesverfallenheit – Sinn für den Wert der Freundschaft – Bedeutung von Reichtum und Armut.
2. Erforschung unseres „Bewußtseinslebens" und der Triebfedern, die den *impetus* (den inneren Handlungsantrieb) hervorrufen: Trieb-/Affektlehre.
3. Studium der konkreten Verhaltensweisen bzw. *actiones: quanto quidque et ubi et quemadmodum agi debeat* (89, 15), die Abstimmung von *impetus* und *actio* sowie – als Resultat davon – die *vita concors*: Pflichtenlehre.

Die reinen Handlungsgebote sind relativ unwichtig. Gegenüber Cicero, bei dem die Ethik in erster Linie den politischen Pflichten des freien römischen Bürgers dient, wird bei Seneca die private Sphäre betont (Hadot 120).

Für die L o g i k zeigt Seneca in den Briefen „eine nicht übersehbare Verachtung", sie kommt in seinem Lehrgang – abgesehen von ep. 58 – erst gegen Ende zum Tragen. Die P h y s i k wird etwa gleichzeitig mit den Briefen in der Schrift ‚De providentia' und in den 7 Büchern ‚Naturales quaestiones' (↗ E 4.2) behandelt. Lucilius solle durchaus die anderen Teilgebiete der Philosophie lesen, aber diese ständig auf die Ethik beziehen (89, 18 und 23).

Fr
1. Welche Philosophenschulen vertreten eine Dreiteilung der Philosophie?
2. *moralem, naturalem, rationalem* – nach Will Richter eine „climax descendens": Erläutern Sie diese Meinung!
3. *Fuit iam accepta a Platone* (richtiger: von einem Platon-Schüler) *philosophandi ratio* („System") *tri-plex, una de vita et moribus, altera de natura et rebus occultis, tertia de disserendo et quid verum, quid falsum, quid rectum in oratione pravumque, quid consentiens, quid repugnet iudicando.* Vergleichen Sie diese Stelle (Cic. Acad. 1, 19) mit Sen. ep. 89, 9 (bis *subrepant*) hinsichtlich der Formulierung, der Deutlichkeit in der Sache und der inhaltlichen Unterschiede!

1.2 Glück als Ziel der Philosophie: vita beata durch ratio und sapientia (ep. 16)

(vgl. Bütler 15 - 23; Schönberger; Schirok 44 - 50; Maurach [1991] 160)

1 **Lucili**: ↗ E 4. 2.
beate vivere: Die Glückseligkeit (Eudaimonie) ist besonders für die Philosophie des Hellenismus (z. B. bei Stoikern und Epikureern) ein zentrales Thema. Auch Cic. hat bei der Erörterung von ‚De finibus' die *vita beata* im Blick (2, 42) und sagt 2, 86: *omnis summa philosophiae ad beate vivendum refertur* (W). Noch Augustinus schreibt in De civitate Dei 19, 1: *nulla est homini causa philosophandi, nisi ut beatus sit* (↗ auch BT 8).
(*sine*) **sapientiae studio**: Geläufige Umschreibung für *philosophia* (z. B. Cic. nat. deor. 1, 1; ↗ E 1. 1). Die Unterscheidung von *sapientiā perfectā* (durch Vollendung in der Weisheit/Philosophie) und *sapientiā incohatā* (durch den Beginn damit) entspricht dem Begriffspaar von *sapiens*/Weiser und *proficiens*/Schüler („der, der Fortschritte macht" ↗ 2 *profecisse, profeceris*). Beim *sapiens* erfolgt die Vernunftsteuerung spontan, beim *proficiens* durch vorherige Überlegung (Grimal 268 f.). Cic. sagt für *proficere* etwa *procedere*/*progredi* (*in virtute*); der Begriff des „Fortschritts" in der Tugend ist von den Peripatetikern übernommen: *prokopḗ* (Gigon, Cic. fin. 532 f.).
firmandum et altius cotidiana meditatione (vgl. dazu besonders 107, 3 f.) **figendum est**: Zur Festigung und Vertiefung der Einsicht empfiehlt Seneca bewußte Selbsterziehung durch Meditation, Willensschulung (↗ zu 20, 6) und tägliche Gewissenserforschung (↗ 2). Sen. praktiziert diesen Grundsatz der häufigen Wiederholung in den Briefen durch die Wiederaufnahme von Begriffen und Gedanken (Maurach [1991] 163).
honesta: ↗ S. 81 f. zu 74, 1.
bona mens: Für diesen häufigen Ausdruck sagt Sen. auch *habitus optimae mentis*/*habitus animi* (6) bzw. *recta*/*perfecta ratio* (↗ zu 41, 8); er meint damit die rechte Seelenverfassung mit einer Einheit von Streben, Denken und Handeln; er nennt sie auch *firmitas animi* (↗ zu 20, 1). Die *bona mens* ist der allen zugängliche wahre Adel des Menschen (44, 2).
bona voluntas: Meint keine gefestigte Willenshaltung, sondern einen nur momentanen Impuls (↗ 6 *impetus animi*), der noch erlahmen kann.

2 **affirmatione**: Sen. antwortet (der Text ist freilich unsicher) auf eine „Beteuerung" des Lucilius; zum Charakter der fiktiven Briefe ↗ E 4. 2.
Quae scribis, unde veniant, scio: Sen. betont, daß die „Äußerung" des Lucilius aus ehrlichem Herzen kommt // *ficta, colorata.*
spem . . ., nondum fiduciam: Erst 82, 1 kommt Sen.' Sorge um Lucilius zur Ruhe: *Desii iam de te esse sollicitus* (vgl. auch 32, 2).
Excute te et varie scrutare et observa: Das Trikolon meint die von Sen. selbst allabendlich praktizierte „Gewissenserforschung" (De ira 3, 36), die er wie einen Prozeß durchführte; sie ist aus dem Altertum vor allem als eine Sitte der Pythagoreer bekannt: Cic., Cato maior 38.

3 **philosophia – vita**: Statt eines bloßen Kenntnisfortschritts will Sen. praktische Anwendung durch rechte Lebensführung ↗ 3 *verba* // *res.*

populare (artificium): Sen. gibt eine Abgrenzung gegenüber den Popularphilosophen, den kynischen Wanderpredigern (Hornung), und eine erste nähere Ausführung der Episteln über die Philosophie (vgl. ep. 5); nach Maurach beginnt mit ep. 16 eine inhaltlich neue Briefgruppe.
ostentationi paratum: 5, 1 warnt Sen. vor Leuten, *qui non proficere, sed conspici cupiunt.*
ut cum aliqua oblectatione consumatur dies: Deutlicher sagt Sen. 117, 33: *philosophiam oblectamentum facere, cum* (wo doch) *remedium sit.*
format et fabricat (klass. *fabricatur*): Die Philosophie formt den Geist wie ein Künstler sein Material und gibt dem Leben einen Plan (*vitam disponit;* ↗ 89, 9 *componit animum*).
actiones regit: Zur Ethik konkreter Verhaltensweisen ↗ 6 und zu 89, 9.
per ancipitia fluctuantium dirigit cursum (Schlußstellung wegen der Klausel –∪– –∪: Creticus + Trochäus): *fluctuantium* kann zu *ancipitia* bezogen werden (des Schwankenden bzw. der Personen, die/deren Gedanken schwanken) oder zu *cursum* (derer, die in der See treiben). Das Schillernde der Formulierung paßt zum Bild; wichtiger ist wohl die Vorstellung, daß die Philosophie den „verschwommenen Gedanken" (52, 1 *fluctuamur inter varia consilia*) eine klare Richtung gibt.
nemo . . . intrepide potest vivere: Variiert die Formulierung des Anfangs *neminem posse beate vivere;* **intrepide** (nkl.) und **secure** spielen auf einen zentralen stoischen Begriff an, die *apátheia* (griech.) ~ *tranquillitas animi* (worüber Seneca eine eigene Schrift verfaßt hat). *securitas/securus* ist nach Hadot ein zentraler Begriff in Senecas Seelenführung; so wird z. B. 44, 7 die *summa vitae beatae* mit *solida securitas et eius in-concussa fiducia* umschrieben. Hadot 135 ff. erarbeitet den für Seneca wichtigen Unterschied zwischen *securitas* (Stabilität und Widerstandskraft gegen Affekte) und *tranquillitas animi* (~ εὐθυμία/*euthymía*: ein Begriff des Demokrit; Epikur verwendet lieber γαλήνη/*galḗnē*). Von *securum* unterscheidet Sen. 105, 8 *tutum*: die äußere Sicherheit, die man auch bei *mala conscientia* haben kann.
4 **Dicet aliquis . . .**: Mit solchen angedeuteten Einwänden gewinnt auch der philosophische Brief etwas vom Charakter eines Dialogs, der von Sokrates – dieser ist für Sen. sehr wichtig; Grimal 259; vgl. Bild im Textband S. 74 – als entscheidend für das philosophische Bemühen angesehen wird.
Der Gedanke, der zunächst als Trikolon (**fatum – deus – casus**) eingeführt wird (↗ auch 5-Anfang und 6), wird z. T. in einer Zweiergliederung fortgesetzt: Die oberste Macht wird von den Stoikern bald unpersönlich (ep. 16 *fatum/fatorum series, providentia* bzw. sonst auch *necessitas, natura*), bald eher persönlich (*deus, Iuppiter*) gesehen. Das Gemeinsame beider (stoischer) Ansätze ist die Ordnung, ein alles beherrschendes Weltgesetz (↗ BT 6.2). Den Gegensatz dazu bildet der Zufall (*casus, fortuna, repentina ac subita*), der nach Epikur alles bestimmt.
(alqd) **praeparare . . . adversus incerta**: Darin liegt für Seneca ein entscheidendes Mittel, mögliches Ungemach besser zu bewältigen.
consilium meum occupavit deus . . .: Zum Problem der eingeschränkten Willensfreiheit ↗ zu 6.

5 **philosophandum est**: Anschluß an 1 *sine sapientiae studio . . .*
sive nos inexorabili lege fata constringunt: Die Einschränkung des Menschen betrifft nach stoischer Lehre nur sein ihm auferlegtes Schicksal; ihm bleibt aber die freie Entscheidung für oder gegen eine tugendgemäße Haltung. Über diese innere Haltung ist er, besonders aber der *sapiens,* souveräner Herr (36, 6 *in mores fortuna ius non habet*); ↗ 6.
casus res humanas sine ordine impellit et iactat: Der Zufall führt nach Epikur zur sog. *declinatio* der Atome (↗ S. 37); aus den sich so ergebenden Atomverbindungen entstehen die Dinge und unser Geschick.
philosophia nos tueri debet: Wir müssen uns mit der Philosophie wie mit einer für das Schicksal uneinnehmbaren Mauer umgeben (↗ 74, 19); „Dienst" an der Philosophie schenkt uns „wahre Freiheit" (8, 7).
deo libenter („willig") **pareamus**: Seneca präzisiert dies z. B. 96, 2: *non pareo deo, sed assentior, ex animo illum . . . sequor* (↗ auch 74, 20). *deum sequi* an die Stelle von *naturam sequi* gerückt zu haben, ist nach Grimal 280 „eine von Senecas eigenständigen Leistungen".
fortuna (~ *casus*): Ihr gegenüber gilt das *contumaciter parēre.* Die Aufgabe der Philosophie wird zweimal (vgl. das anaphorische *haec*) anhand der Antithese Gottheit – Zufall formuliert, was folgende Entsprechungen ergibt: *libenter parere* ~ *sequi* und *contumaciter parere* ~ *ferre.* Das Oxymoron *parere contumaciter* (im Kontext ~ *non libenter*) meint nicht absoluten Widerstand, sondern „folgen, aber trotzig". Dies gilt auch für die Haltung des *fortunae resistere* (vgl. den so betitelten Aufsatz von Busch: WdF 414, 53 - 94), die sich mit der Einsicht, den Schicksalmächten nicht entgehen zu können (vgl. 37, 3 - 5), paart. Diese Verbindung ist typisch römisch (vgl. Cic. fam. 5, 17, 3 *ut communem incertumque casum, quem neque vitare quisquam nostrum nec praestare* [sich verbürgen für] *ullo pacto potest, sapienter ferres et dolori fortiter ac fortunae resisteres)* und wird besonders von Seneca deutlich herausgehoben. Dadurch gelingt auch das *(ex)surgere supra fortunam* (↗ S. 87 zu 41, 2). In diesem Kampf gegen *fortuna* helfen *ratio, sapientia bzw. philosophia* und *virtus,* notfalls der Selbstmord (↗ ep. 51 und 24).

6 **Sed non est nunc in hanc disputationem transeundum** (sog. *praeteritio*): Den Widerspruch von Willensfreiheit und Vorsehung (*providentia*) bzw. *fatorum series* versuchten die Stoiker z. T. so zu lösen, daß wir zwar einen (gewissen) Willen haben, daß wir aber wollen, was die „Notwendigkeit der Vorsehung" befohlen hat (vgl. Gegenschatz, Philosophie im LU: Dialog VII, 158 - 161). Chrysipp versuchte – vgl. Cicero, De fato 41 - 45 – die Willensfreiheit dadurch zu retten, daß er dem *fatum* seinen zwingenden Charakter nahm und zwei Arten von Ursachen unterschied, nämlich *perfectae et principales causae* (vollkommene Hauptursachen, über die wir beim Handeln die Entscheidungsgewalt haben) und *adiuvantes et proximae causae* (helfende Nebenursachen, die durch das Schicksal gegeben sind). Vgl. dazu vor allem van Straaten, M.: Menschliche Freiheit in der stoischen Philosophie. In: Gym 84 (1977), 501 - 518. – Aristoteles, Epikur und der Akademiker Karneades waren entschiedene Verfechter der Willensfreiheit als der Grundlage aller Ethik; Cicero möchte hier „zum ersten Mal" Epikureer sein (De fato 21).

Für Kant ist die Willensfreiheit ein Postulat der praktischen Vernunft. Seneca bringt in diesem Brief keine ausführliche Widerlegung der Einwände von § 4, aber gewichtige Andeutungen (Hornung).

repentina ac subita: Synonymenhäufung (~ 4 *casus*), ebenso **moneam et exhorter.**

impetus animi tui: Dein (momentaner) innerer (Auf-)Schwung (~ 16, 1 *bona/recta voluntas*) muß sich steigern zum (*rectus*) **habitus animi** (~ 16, 1 *bona mens*), der bleibenden geistigen Verfassung und Grundlage für richtiges Handeln – einer Vorstufe zur *tranquillitas animi* (95, 57), für die absolute Sicherheit im Urteil nötig ist.

constituere ~ *confirmare* (~ 1 *firmandum*): Etwa durch häufiges Meditieren und Selbstvervollkommnung.

Nach der eher grundsätzlichen Betrachtungsweise von 1 - 6 folgen mehr praktische Gedanken über natürliche und eingebildete Begierden.

7 **munus-culum**: Das Suffix *-culum* besagt, das Geschenk sei willkommen.

éxcute illam, et invenies: Gemeint ist wohl nicht eine im „gefalteten" Brief versteckte, sondern eine zwischen die Blätter des Briefes gesteckte Gabe, hier ein philosophischer Merkspruch. (Vielleicht enthielt der „Zettel" den griech. Wortlaut; vermutlich spielt Sen. hier mit der Fiktion des wirklichen Briefes; ↗E 4. 2. 3.)

Schon z. Z. Ciceros war neben den bequemen wachsüberzogenen Holztäfelchen der Papyrus (*charta*) in Gebrauch, den man in verschiedenen Größen (*maiores, epistulares*) benützte und mit geschnittenen Rohrfedern (*calami*) mit Tinte (*atramentum*) beschrieb. Diese Blätter wurden dann gerollt, in der Mitte zusammengeschnürt und gesiegelt und schließlich im Querformat adressiert.

(liberalis) **de alieno** (Neutrum): „Mit fremdem (geistigem) Besitz", d. h. mit dem Gedanken eines anderen.

quidquid bene dictum est ab ullo (üblicher Abl. zu *quisquam*), **meum est**: Der Stoiker Seneca übernimmt sogar von Epikur häufig Formulierungen (vgl. 8, 8), besonders in den Briefen 2 - 29. 33, 11 äußert sich Seneca grundsätzlich zur Übernahme fremder Gedanken und zur Selbständigkeit des eigenen Denkens: *patet omnibus veritas.* Oft ist nicht der Autor eines Ausspruchs wichtig, sondern *omnibus dixit* (14, 17). Mit Eklektizismus oder „Untreue" gegenüber der Stoa hat dies nichts zu tun; Epikur wird vielmehr zum „Kronzeugen für die Stoa" (Boyancé, in: WdF 49) bzw. werden Epikur-Zitate, mit denen der Stoiker Seneca seine Nähe zum Adressaten betonen will, unvermerkt stoisch umgedeutet (vgl. Schottlaender, in: WdF 176 f.). Weiterführend und z. T. mit anderen Ergebnissen Freise, H.: Die Bedeutung der Epikur-Zitate in den Schriften Senecas. In: Gym 96 (1989), 532 - 556.

ad naturam vivere (gemäß der Natur leben // **ad opiniones vivere** gemäß deinen Wahnvorstellungen . . .): Die Formulierung erinnert an den stoischen t. t. *secundum naturam vivere,* doch meinen die Stoiker mit ihrem obersten Prinzip die Übereinstimmung mit der Gesamtnatur (↗ S. 88 zu 41, 9 und zu Cic. fin. 3, 16b), Epikur unterscheidet hier nur Begierden, die aus unserer Natur, und solche, die aus unserer Einbildung entspringen.

(Die genauere Einteilung – eine Dreiteilung – lesen wir etwa Cic. fin. 1, 45; vgl. vor allem Hossenfelder 113 f.; doch kritisiert Cic. fin. 2, 26 die Dreiteilung, die formallogisch eine Zweiteilung sein müßte.)
Diese Dreiteilung der *cupiditates* zitiert und erläutert De Crescenzo, Così parlò Bellavista (Mailand 1977) in Kapitel XI Epicuro.
opiniones: Gemeint sind die falschen Einbildungen, welche uns vor allem von den *cupiditates* vorgegaukelt werden (↗ 9 *falsa opinio*).
Dieselbe Relativität der Begriffe arm – reich zeigt 4, 10 *magnae divitiae sunt lege naturae compositā paupertas.*

8 **exiguum natura desiderat, opinio immensum** (ähnlich 39, 5): Mit einem Chiasmus faßt Seneca die breitere (parallele) Formulierung Epikurs zusammen. Der Gedanke wird in 8/9 mehrfach verdeutlicht.
auro tegat: Es ist an vergoldete Zimmer-/Kassettendecken zu denken, vgl. 8, 5 *auro tegi // culmo* (mit Stroh) *tegi.*
purpurā vestiat: Gewöhnlich diente der Purpur nur in Streifen- oder Bandform zur Verzierung (an der Tunica bzw. Toga). Ganzpurpurgewänder trug in der Republik nur der Triumphator, später vor allem der Kaiser.
terram marmoribus abscondas: Anspielung auf den kostbaren Fußboden, der aus Platten oder Steinchen von weißem und vielfarbigem Marmor zusammengesetzt war; man konnte daher den Reichtum buchstäblich mit Füßen treten (*calcare*); zu dem seit Sulla einsetzenden und dann gewaltig steigenden Bauluxus mit Marmor vgl. Friedländer SG 700 - 703.
maiora cupere (immer/noch größere Wünsche): Objekt zu **disces ab his** („daraus“: Anknüpfung an *quidquid*).

9 **falsum** (Neutrum): Wiederaufnahme der Formulierung *desideria ex falsa opinione nascentia.*
via: Das Bild vom Weg wird mehrfach formuliert: *via* (zielgerichteter Weg), *error* (das Umherirren ohne Weg), *progresso* (d. h. Fortschritt auf dem Weg), *consistere* (d. h. Ende des Weges). Bei *progresso* wird man *desiderio* ergänzen (↗ auch [*id*] *quod petes*) und es als Neutrum fassen, auf das mit *id* zurückgewiesen wird, also ein Verlangen, bei dessen Erfüllung man schon weit gegangen ist.

Fr (u. U. auch in Gruppenarbeit zu behandeln):

1. Welche (rhetorischen) Mittel dienen Senecas Absicht einer „philosophischen Psychagogie“ (Schönberger 78 f.)?
2. Wie sieht die (populäre) Astrologie den Gegensatz Fremdbestimmung // Eigenverantwortung?
3. Versuchen Sie den Begriff Fatalismus zu erklären und von der Haltung zu *fatum/fata* in 16, 4 - 6 abzugrenzen!
4. Zeigen Sie durch Textbelege, wie der Gedanke der Lebensführung (*vivere*) dem Brief eine Einheit verleiht!
5. Der Gedankengang des Briefes könnte auch in der Form von These – Antithese – Synthese verstanden werden. Formulieren Sie die jeweiligen Aussagen (vgl. Hornung 158)!

2. Senecas stoische Ethik

2.1 Philosophische Lebensführung (ep. 20)

(vgl. Schirok 50 - 56)

1 **Si vales... gaudeo**: Variation der alten Formel des Briefanfangs *si vales, bene est, ego valeo* (die Sen. 15, 1 „als Sitte der Alten" zitiert; s. u.).
qui aliquando fias tuus (↗ S. 93 zu 1, 1 *vindica te tibi*): Lucilius soll zu sich selbst finden (↗ 2 *ad legem suam quisque vivat*). Sen. hatte ihm in ep. 19 empfohlen, sich von den Geschäften zurückzuziehen und sich der Philosophie zu widmen; schon in 15, 1 steht – in Abwandlung der Briefformel – *si philosopharis, bene est; philosophari* ersetzt also das *valere*.
fluctuari (↗ S. 74 zu 16, 3) // **exire** (*ex officiis, negotiis, occupationibus*: ep. 19). Lucilius schwankt, wie er sich seinen Verpflichtungen entziehen solle (19, 8 *quomodo exibo*?).
philosophiam in praecordia ima demittas: ↗ zu 16, 1 *altius... figendum est.*
animi firmitas: Sie bildet das Thema bis 6 und erweist sich vor allem in der Auseinandersetzung mit der *fortuna* (↗ zu 16, 5). Variationen des Begriffes sind *robur animi* und *habitus animi* (↗ S. 76 zu 16, 6).
cupiditatum deminutio: Vorbereitung des Themas *paupertas // divitiae*: 7 ff. Man darf den Begierden mit ihrer Tendenz zur Maßlosigkeit (16, 9) nicht durch Erfüllung nachgeben, sondern muß sie verringern; ↗ zu fin. 1, 43.
verba rebus proba: Gerade den Philosophen warf man oft vor, daß es ihnen um Worte, nicht um Taten gehe (24, 15); ↗ auch 16, 3-Anfang.

2 **declamantibus... disputatione**: Die *declamatio* ist der t. t. für die Übungsrede in der Rhetorenschule; in der Kaiserzeit wurde sie zur Schaustellung einer zweckentfremdeten Beredsamkeit. Die *disputatio* meint die rhetorisch ausgefeilte Behandlung von philosophischen Lehrsätzen; *declamare* und *disputare* bilden als Formen des *dicere* (Alliteration!) den Gegensatz zu *facere*, dem Ziel der Philosophie. *aliud... aliud* meint also hier „etwas anderes... und ebenfalls etwas anderes".
assensionem coronae captantibus: Das Streben nach Beifall mag für Rhetoren oder rhetorisierende Popularphilosophen passend sein, ist es aber nicht für wahre Philosophen; ↗ 16, 3 *ostentationi paratum; populare artificium.* Zur dienenden Funktion der Rhetorik bei Seneca vgl. Currie, Der Stil des jüngeren Seneca, in: WdF 414, 203 - 226.
Quis hoc praestabit?: Selbstunterbrechung ↗ S. 74 zu 16, 4 *dicet aliquis.*
Pauci, aliqui tamen: Die in § 3 genannten Einzelforderungen sind leicht erfüllbar, da Sen. ein Weiser „zweiter Klasse" (*secundae notae*) genügt; der eigentliche Weise lebt vielleicht nur alle 500 Jahre (42, 1; ↗ zu fin. 3, 75).
sapiens: Für Sen. ist der stoische Weise keine Konstruktion (*non edúco sapientem ex hominum numero* 71, 27); Cato ist seine röm. Verwirklichung, vielleicht mehr als das Ideal (De constantia sapientis 7, 1).
uno... gradu, unā viā: Zur Wegmetapher ↗ 16, 9.

3 **observa te**: ↗ 16, 2; ein Trikolon mit Variation der Antithesen (↗ Fr 1) verdeutlicht die *‚constantia sapientis'*.

aedifices luxuriose: ↗ 16, 8 *ut terram marmoribus abscondas.*
regula (griech. *kanōn*): Urspr. t. t. im Bauwesen („Meßlatte, Richtholz" ↗ *prendere*) zum Ziehen der Mauer, dann übertragen im röm. Rechtswesen und in der Ethik „Maßstab der Lebensführung" (↗ 8 *ad suam legem*; zu Cic. fin. 1, 63: *regula*); schließlich christl. „Ordensregel" (*regula Sancti Benedicti*).
diversitas . . . vacillantis animi: Gegenbegriffe zur *constantia.*

4 **proponere – velle – perseverare**: Der Gedanke wird etwas anders in 16, 1 formuliert (↗ Fr 2). Die Unklarheit des Wollens bedauert Sen. auch 52, 1 *fluctuamur inter varia consilia; nihil libere volumus, nihil absolute, nihil semper* und fordert Entschiedenheit: 71, 36 *volo et mente tota volo.* Zum Durchhalten (*perseverare*) ermahnt er oft am Briefanfang (ep. 16; 41).

5 **definitiones sapientiae veteres**: Sen. will keine schulmäßigen Definitionen von *sapientia,* etwa *omnis rerum optimarum cognitio* (Cic., de or. 3, 60) oder *divinarum humanarumque rerum, tum initiorum causarumque cuiusque rei cognitio* (Cic. Tusc. 5, 7 [= BT 1]: nach Poseidonios; ähnlich Sen. 89, 5), sondern eine lebensnahe Umschreibung: *ut totum modum vitae humanae complectar.*
idem velle atque idem nolle: Diese Haltung (bei Sall., Cat. 20, 4 eine Definition fester Freundschaft) ist auch 109, 16 Kennzeichen des *sapiens.*
Daraus erwächst *convenientia* (die Grundlage der *virtus*: 74, 30; ↗ S. 44) bzw. *congruentia/concordia* (↗ § 2 *concordent*), nach Hadot 137 die Grundlage für die *tranquillitas animi* (↗ auch zu 16, 3 *securus*); sie besagt, daß der Weise stets in völliger Übereinstimmung mit sich selbst lebt; vgl. ep. 120, 10 (*sapiens*) *idem erat semper et in omni actu par sibi* und 120, 22 *praeter sapientem nemo unum agit, ceteri multi-formes sumus.*

6 **Nesciunt ergo homines, quid velint, nisi illo momento, quo volunt**: Vgl. 4 *nemo proponit sibi, quid velit.* Sen. versteht unter *velle* dreierlei:
a) die momentane Willensregung (↗ *impetus animi* 16, 1/6) als Anfang,
b) den bewußten Einsatz des Willens zur Festigung und Vertiefung der philosophischen Einsicht (↗ S. 73 zu 16, 1 *firmandum, figendum*) als Dauer,
c) das klare, unerschütterliche Bewußtsein unseres Wollens und Nichtwollens als Ziel (↗ *idem velle . . .*). Der Wille wird erst für Sen. zum Fundament der Ethik (ep. 80, 4 *quid tibi opus est, ut sis bonus? velle*), über Augustinus eine Grundlage der christlichen Moral. Für die Griechen war das Erkennen entscheidend; man mußte dann nur dafür sorgen, daß die Leidenschaften nicht stärker werden als die Einsicht. U. a. wegen seiner Betonung des Willens wird Sen. von Schopenhauer (1788 - 1860; Hauptwerk: Die Welt als Wille und Vorstellung, 1814/8; erschienen 1819) sehr geschätzt. – Zu *in contrarium vertitur* und *preme, quod coepisti* enthält § 4 ähnliche Formulierungen.

7 **Quid fiet, inquis, huic turbae familiarium sine re familiari?** (Selbsteinwand ↗ 2 *Quis hoc praestabit?*): Die Sorge um die *res familiaris* erschwert die Zuwendung zur Philosophie (17, 1 - 3) und das Bemühen um Selbstvervollkommnung (1 *fias tuus*). Dahinter steht die Furcht vor *paupertas* (17, 1).
(*paupertas*) **veros certosque amicos retinebit**: Ähnlich urteilte schon Ennius (*amịcus cẹrtus ịn re incẹrta cẹrnitụr*: Senar, zitiert von Cic. Lael. 64).
discedet, quisquis non te, sed aliud sequebatur: Ähnlich heißt es 19, 4

clientes, quorum nemo te ipsum sequitur, sed aliquid ex te; amicitia olim petebatur, nunc praeda (womit Sen. Zeitkritik äußert).

8 **contentus sis temet ipso et ex te nascentibus bonis**: Vgl. 7, 12 *introrsus bona tua spectent.* Der Stoiker dachte bei diesen *bona* an die *virtus;* Bias, einer der Sieben Weisen, formulierte sinngemäß *omnia mecum porto mea.*

Redige te ad parva . . .: Die wirklichen Bedürfnisse (*cupiditates naturales et necessariae*) sind sehr gering (↗ 16, 7 - 9).

tributum huius epistulae: ↗ S. 76 zu 16, 7.

9 **Epicurus**: Er wird auch in 16, 7 als Zeuge zitiert.

sermo tuus in grabatto et in panno: *sermo tuus, quem habes et in grabatto pannoque et de grabatto pannoque, signis paupertatis.* Der *grabattus* war eine einfache Liege für arme Leute, für Kranke und Studierende. Besonders kynische Wanderprediger benützten demonstrativ den *grabattus.*

Demetrius: Ein Kyniker, der in Rom berufsmäßig Vorträge hielt und oft bei Sen. speiste; er mußte in Neros letzten Regierungsjahren Rom zeitweise, unter Vespasian endgültig verlassen (vgl. auch Sørensen 178/9). Sein gelebtes Beispiel der Einfachheit war keine äußerliche Demonstration, wie sie Sen. ep. 5, 2 als verkehrten Ehrgeiz anprangert.

10 **in sinu positas**: Im Bausch der Toga ließ sich einiges unterbringen oder verbergen (etwa Briefe, Geld); im Dt. sagen wir: „in den Schoß fallen".

Zur richtigen Haltung gegenüber dem Reichtum, die dem Demetrius gelingt, vgl. 62, 3 *brevissima ad divitias per contemptum divitiarum via est.*

divitias . . . circumfusas sibi: Für eine kleine Gruppe von Römern barg der Reichtum die Gefahr in sich, ihm zu verfallen (daher: *multum est non corrumpi divitiarum contubernio*; vgl. auch De vita beata 22, 5). Seneca, selbst sehr reich (↗ E 4.1) und deshalb angefeindet, empfiehlt dem Lucilius, die *paupertas* solle seine *contubernalis* sein (17, 4).

(Magnus [*est*] **ille, qui in) dīvitīs pauper** [Oxymoron] **est**: Die dreisilbige Form *divitis* steht wegen der Klausel (Doppelcreticus – ∪ – – ∪ –). Im Gedanken ähnlich ist 5, 6: Ebenso groß ist, wer silbernes Tafelgeschirr benützt, als wäre es irdenes, wie einer, der irdenes Geschirr benützt, als wäre es silbernes. Sen. behandelt die Frage Reichtum und Armut nicht aus der Perspektive der Sozialstruktur, sondern als Aufgabe der Individualethik.

11 **in paupertatem incidere // in divitias incidere**: Der Gedanke wird um der Antithese willen zugespitzt; einzelnes (etwa die Beurteilung des *nudus*) bleibt freilich wegen des hier unsicheren Textes unklar. Armut und Reichtum sind jedenfalls kein Übel bzw. Gut, sondern Adiaphora (↗ S. 84 zu 74, 16).

paupertati indulgere: Seneca lehnt Schaustellung der Armut als fehlgeleiteten Ehrgeiz ab (5, 2 genauer angeführt). – **bona voluntas**: ↗ S. 73 zu 16, 1.

12 **magnae indolis est**: Die Formulierung knüpft an 10 *ingentis animi est* an.

ad ista (*ad grabattum et pannum*) **properare**: D. h. ~ *paupertati indulgere.*

praeparari (bewußter Anklang an *properare*): Seneca empfiehlt oft, sich durch vorweggenommene Armut auf wirkliche einzuüben, um so mögliche Schicksalsschläge besser ertragen zu können: *In ipsa securitate animus ad difficilia se praeparet et contra iniurias fortunae inter beneficia* (sc. *fortunae*) *firmetur* (18, 6).

iucunda: Vgl. den Grundsatz Epikurs *honesta res est laeta paupertas* (2, 6).
illis: Inhaltlich entsprechen *illa* (11-Ende) und *ista* (12-Anfang).
securitas (↗ zu 16, 3): Sie ist oft die Folge der *paupertas: Multis ad philosophandum obstitēre divitiae: paupertas expedita est, secura est* (17, 3).

13 **aliquos dies interponere**: Die hier in Erinnerung gerufenen Übungen (*quod tibi scripsi* knüpft an 18, 5 an) sollen „drei bis vier, bisweilen noch mehr Tage“ fortgeführt werden und nicht das Spiel von Reichen sein, die ihres Luxus überdrüssig sind, sondern ernsthafte Selbsterprobung, bei der man mit einem Zwei-As-Stück (*du-pondius*) am Tag satt wird; nach Friedländer SG 144 reichte für das Armeleute-Essen (Brot, Gemüse [Bohnen, Rüben], Fisch) 1 As.
imaginaria paupertate: 17, 5 nennt Sen. sie *paupertas voluntaria,* die er mit *frugalitas* umschreibt; sie umfaßt Essen (*minimo ac vilissimo cibo*) und Kleidung (*dura atque horrida veste*): 18, 5.
naturam ... minimum constituisse: Steigerung zu 8 *redige te ad parva.* 18, 10/11 nennt Seneca Wasser, Gerstengraupen und ein Stück Gerstenbrot, die man selbst einem Strafgefangenen nicht verweigere. Ja, mit solcher Kost können wir mit Jupiter wetteifern *de felicitate* (110, 18).
pannus: Dieses Wort unterstreicht die Zusammengehörigkeit von 9 - 13.

Fr
1. Mit welchen Formulierungen werden in diesem Brief die Zentralbegriffe *firmitas animi* und *diversitas animi* variiert?
2. Untersuchen Sie das Verhältnis von „Vorsatz“ und „Beständigkeit“ durch Vergleich von 20, 4 und 16, 1 und unter Berücksichtigung des Willens!
3. *Unam semel ad quam vivas regulam prende* . . . (§ 3):
   Wieso ist diese Maxime wichtig und problematisch zugleich?

2.2 Ethische Grundprinzipien und „Güter“-Lehre (ep. 74 m. A.)

(vgl. Voit)

1 **epistula tua**: Lucilius' Brief (↗ zu 16, 2 *quae scribis*) wird zum Anlaß, sich über eine grundlegende Voraussetzung der *vita beata,* der Güterlehre, zu äußern. Die dabei entscheidende stoische These (**unum bonum esse, quod honestum est**) wurde schon bei Cicero mehrfach (z. B. Tusculanen; de finibus: 3, 31 ff. [S. 49]) angeführt. Das Thema Glück (↗ zu 16, 1) behandeln Seneca (De vita beata) und Augustinus (De beata vita) in eigenen Schriften.
honestum: Der entsprechende griech. Begriff *kalón* meint „schön“ und „gut“, der lat. bedeutet nur unkl. „hübsch, wohlgestaltet“, sonst meist „ehrenhaft“ (vgl. *honos*); dabei ist nicht nur an äußere Anerkennung („gesellschaftliche Akzeptanz“: Dalfen [Ianus 14, 4]) zu denken, sondern auch an Achtung und „Ehrbarkeit“; man umschreibt es mit „das Sittlich-Gute“ bzw. „Rechtschaffenheit“ (Voit). *honestum* kann mit *virtus* („Tugend“) gleichgesetzt werden (12. 24). Genaugenommen liegt keine Austauschbarkeit der Begriffe *bonum* und *honestum* vor, vielmehr ist die Gleichsetzung von *bonum* mit *honestum* (nicht umgekehrt!) die entscheidende Hilfe für die *vita beata* (118, 10 *honestum est*

perfectum bonum, quo beata vita completur). Vgl. auch 120, 1 - 3 *haec duo (bonum et honestum) apud alios (philosophos) diversa* (d. h. *utile* und *id, cui ratio recti officii constat*: „was dem Grundsatz strenger Pflichterfüllung entspricht") *sunt, apud nos (Stoicos) tantum divisa . . . Nos ista duo quidem facimus, sed ex uno. Nihil est bonum, nisi quod honestum est; quod honestum est, utique bonum* (vgl. auch Cic. fin. 3, 26 - 28 und Gigon, Komm. 455).
intra se felix est: Verlegt das Glück in sein Innerstes (↗ 20, 8).
Der Gedanke *bonum* ~ *honestum / virtus* ~ *vita beata* (vgl. auch Hadot 100 - 102) wird durch Beispiele und Folgerungen in 2 - 5 näher ausgeführt.

2 **illum suae**: Etwa aus Eifersucht.
ipse honor (jüngere Bildung nach *honoris . . .*) **vexet**: Wegen der mühevollen Bewerbung und Amtsführung; vgl. das Sprichwort *honos est onus.*

3 **mortales**: ~ *homines,* nkl. auch ohne *omnes/ceteri.*
palpitantibus praecordiis (Alliteration) **vivitur**: D. h. man kommt aus dem Herzklopfen nicht mehr heraus.

4 (*in*) **dīvitīs inopēs**: Stilistisch ein Oxymoron, rhythmisch eine geläufige Klausel (–∪– ∪∪–: Creticus + Trochäus; denn hierbei sind ∪∪– und – – gleichwertig mit –∪; *divitiis inopes* wäre daktylisch). Es ist etwa an einen Geizhals zu denken, der inmitten seines Reichtums darbt (vgl. Horaz, Ode 3, 16, 28 *magnas inter opes inops*), nicht an einen, der inmitten seines Reichtums einfach bleibt (ep. 20, 10 *in divitīs pauper*).
popularis ira . . .: Erinnert eher an republikanisches Denken und Streben (↗ 2 *repulsa – honor*), doch konnte Seneca die zeitgemäßere *ira imperatoris* nicht offen nennen. Unter *invidia* hatte er unter Caligula, Claudius am Anfang und Nero am Ende zu leiden (↗ E 4.1).
per aliquam vim accidentibus: Wohl politisch zu verstehen, d. h. Ungnade des Herrschers (s. o.) und ihre Folgen.

5 Zu dem Getroffenen und dem betäubten Nachbarn (4) kommen die Fernerstehenden, für die der bloße Donnerschlag wie die leere Schleuder für die Vögel immer noch Schrecken bringt.
beatum: Zur Gleichsetzung von *beatum* und *intrepidum* ↗ S. 74 zu 16, 3.
inter suspecta male vivitur: Sentenz mit Anklang an 3-Ende.

Der Abschnitt 6 - 9 enthält eine Präzisierung des Gedankens.

6 **fortuitis se dedit** (Sinn: sein Herz an Glücksgüter hängen): Aufnahme des Gedankens von 1 *in fortunae potestatem venire*; ähnlich knüpft *qui aliquid virtute melius putat* an 1 *qui alia bona iudicat* an. Neu ist der Begriff **perturbatio** (seit Cic. für griech. *páthos*): Der Stoiker Zenon definiert ihn als *aversa a (recta) ratione contra naturam animi commotio* (Cic. Tusc. 4, 11 und 47): „die unvernünftige und widernatürliche Bewegung der Seele" bzw. off. 1, 136 *motus animi nimios rationi non obtemperantes*; in fin. 3, 35 lehnt Cic. die Übersetzung von πάθη/*páthē* mit *morbi* ab.
ad tuta vadenti: „Für den, der in Sicherheit gelangen will"; das Part. Präs. meint seit Livius öfters die Absicht. Zur Weg-Metapher ↗ 16, 9.
externa: Was außerhalb des Einflußbereiches von *animus/ratio* und *virtus* liegt ~ *quae a fortuna sparguntur* (↗ den Vergleich [*imago*] in 7 - 9).

missilia: Bei den prächtigen Spielen der Kaiserzeit wurden bei Bewirtungen und Beschenkungen auch Marken mit verschiedenem Wert ausgeworfen, etwa für Kleider, Gold, Silber, Edelsteine, Perlen . . . Schiffe, Mietshäuser und Landgüter (Sueton, Nero 11). Das erklärt auch die geschilderten Raufereien (vgl. Friedländer SG 436 f.). Diese bekannte und häufige Szene ist für 7 - 9 das Vorbild: *fortuna* entspricht dem Kaiser, die *mortales* entsprechen den Zuschauern, die *honores/divitiae/gratia* den Losmarken.

7 **infida societate** (Oxymoron): Wie es wohl Spekulanten gab, die im voraus solche Lose aufkauften von Leuten, die sich darum balgten (9 *raptores*), gab es wohl auch solche, die die gemeinsame Nutznießung der Lose vereinbarten, sich aber nicht daran hielten.

aliud agentibus: Leuten, die sich nicht um Glücksgaben kümmern.

nulli (nkl. ~ *nemini*) . . . **etiam cui**: ~ *nulli . . . ne ei quidem, cui.*

8 **perventura // exspectata**: Die Partizipien bezeichnen, auf *mitti videntur* bezogen, Nach- und Vorzeitigkeit, doch tritt dies im Dt. zurück: „die . . . gelangen können, aber von allen erwartet werden".

9 **invadentique aliquos spes vana delusit**: ~ *et (si) vana spes invadendi delusit aliquos* (zur Stellung ↗ 19).

magno aliquo incommodo luimus (↗ 7 *magno detrimento*): Z. B. Verletzungen; u. U. wurden auch Leute zu Tode getrampelt (Friedländer SG 437).

pendentia bona // pendeant (Wortspiel!): Die „schwebenden Gaben" wirft das Schicksal von oben herab (↗ *cadentibus*) an Leute, die voll Ungeduld auf sie warten, d. h. „in der Schwebe sind".

10 Neu ist die Einbeziehung der **providentia** (griech. *prónoia*), von der Cic. nat. deor. 2, 75 sagt, ihr *consilium* ordne den Kosmos. Wenn es außer dem *honestum* Güter gibt (wie Reichtum, Macht) bzw. wenn das Fehlen dieser Dinge Unglück bedeutet, dann gilt: **multa incommoda iustis viris accidunt.** Diese Frage veranlaßte Seneca (wahrscheinlich nach seinem Ausscheiden aus dem Staatsdienst) zu der Abhandlung: *Quare aliqua incommoda bonis viris accidant, cum providentia sit* (d. h. Thema ist das Theodizee-Problem) bzw. *‚De providentia'*.

primum („erstens"): Die Fortsetzung erfolgt mit **et quia** . . .

11 **nec implere nos ulla felicitas potest**: Denn es kommt von außen (↗ 1).

illud bonum immensum (von Cic. nicht mit *bonum verbunden*) **et insuperabile** (nkl.): Seneca will das allzu übliche *summum bonum* eindringlich umschreiben; er meint hier damit die *virtus* (↗ § 12).

ubi necesse est resistat voluntas nostra: ↗ 16, 9 *considera, num possit (cupiditas) alicubi consistere.*

Der ausgelassene Abschnitt 12 - 15 enthält zwei Gedanken:
a) Die Genügsamkeit der *virtus*; der gegenteilige Ansatz führt zum Untergang aller einzelnen Tugenden (12 f.).
b) Folgerungen aus der Annahme, die sog. Güter seien wahre Güter (14 f.):
1. Die Gottheit hätte diese besondere Art von Gütern überhaupt nicht.
2. Die Rangfolge wäre dann Tier – Mensch – Gott statt umgekehrt.

16/17 Die sog. (*bona, quae vocantur*) oder vermeintlichen Güter (*bonă opinione*), d. h. die körperlichen, von den Sinnen wahrgenommenen, vergänglichen Güter haben zwar den Namen mit den wahren Gütern gemeinsam, streng genommen gibt es jedoch nur ein Gut: *honestum* ~ *virtus*. Deswegen werden neue Termini eingeführt, **commoda** bzw. **producta**: Diese bezeichnen einen nur relativen Wert, besonders deutlich bei *producta* („vorgezogene/vorziehbare Dinge"; im selben Sinn: *pro-mota, prae-posita, prae-cipua;* ~ griech. *pro-ēgména*). Gemessen an dem einzigen wirklichen Wert, der Tugend, sind sie wertlos, „gleichgültig". Bei den „gleichgültigen" Dingen (gr. Adiáphora) unterscheiden die Stoiker drei Gruppen:

1. vorgezogene Dinge (wie z. B. Vermögen, äußere Ehre, Gesundheit)
2. abgelehnte[1] Dinge (wie etwa Armut, äußere Schande, Krankheit)
3. schlechthin gleichgültige Dinge (wie z. B. Hautfarbe, Haarmenge).

(Gruppe 1 und 2 bilden Gegensätze, die 3. liegt eigentlich in der Mitte.)

Die Adiáphora (lat. *indifferentia/media*: vgl. 117, 9) wurden von Sen. „ausdrücklich zum eigentlichen Betätigungsfeld der Sittlichkeit gemacht" (Cancik 124; Sen. 82, 12), doch schon Cic. fin. 3, 60 sieht in den *media* den Bereich der *officia*. Zur unterschiedlichen Auffassung der Stoiker und Peripatetiker über *honestum* und *commoda* ↗ Cic. fin. 5, 68 ff.

16 **in carne**: Der Gedanke vom Fleisch als dem Sitz der sinnlichen Gelüste und der Schwächen (// der beherrschende Geist) begegnet auch in christlichen, verstärkt in früheren katholischen Schriften (z. B. zu Paulus, Römerbrief 7 f.); Seneca kritisiert hier wohl die Epikureer und Kyrenaiker. Letztere erstrebten besonders den körperlichen Genuß und die ekstatische Lust. Zur Lustlehre von Aristipp(os) und Epikur ↗ S. 27.

17 **numerentur**: Wohl Aufforderung (↗ *omnia . . . accedant*).
17 enthält die terminologische Klärung der sog. Güter, 18 beleuchtet den richtigen Gebrauch der *fugacissima bona.*

18 **accedere // haerere**: Verdeutlichung zu *extra // intra nos* (17).
tamquam depositis: t. t. des Geschäftsverkehrs; man kann die hinterlegte Sache (*depositum*) jederzeit zurückfordern, vgl. Liebs, D. (Lat. Rechtsregeln und Rechtssprichwörter. Darmstadt [5]1991, 55) und zu Cic. fin. 3, 59.
deponere felicitatem: Das gelang etwa dem Sulla, insofern er 79 v. seine Diktatur freiwillig niederlegte.

19 **illis**: D. h. *fugacissimis bonis* bzw. *opinione bonis.*
nisi illa (*immodica*: Obj.) **moderatrix ratio compescuit** (regelmäßig trans.): „wenn nicht die regelnde Vernunft die Maßlosigkeit einschränkt".

---

[1] Das von Zenon geprägte Kunstwort *apo-pro-ēgména* bedeutet, daß das Wegbleiben dieser Tatbestände vorgezogen wird (Reiner 338). Die häufig gebrauchte Übersetzung „verwerflich" meint dagegen eine sittlich zu verurteilende Handlung. Hossenfelder übersetzt „zurückgesetzt" (44. 59), Hauck „Nachteil" (~ *in-commodum // productum* ~ *commodum* „Vorteil"). Cic. fin. 3, 15 billigt auch im Lateinischen die Begriffe (*apo-)proëgména,* daneben *praeposita* bzw. *reiecta.*

Hoc multarum tibi urbium ostendet eventus, quarum in ipso flore luxuriosa imperia ceciderunt: Solche verschränkt wirkenden Stellungen hat Seneca öfters ↗ 9; 41, 2 *sacer intra nos spiritus sedet;* 51, 6; ↗ zu 24, 3.
eventus urbium: Der röm. Leser mochte an Sybaris, Syrakus, Karthago, Korinth denken (↗ Lexika).
Nullus autem contra fortunam inexpugnabilis murus est: intus instruamur (↗ 16, 5 *philosophia nos tueri debet*); **pulsari** (h. „mit dem Rammbock geschlagen werden") // **capi**: Der philosophisch „gefestigte" Mensch gleicht einer uneinnehmbaren „Festung"; das entspricht der echt stoischen Haltung *vivere, Lucili, militare est* (96, 5). Ep. 65 liefert eine andere Sichtweise: *fortuna* trifft nur das *corpus,* das ihre Wunden spürt, während der *animus* davon unberührt bleibt (§ 21).

20 **instrumentum**: Weiterführung von *intus instruamur* bzw. des Bildes vom Kampf („Rüstzeug") und Anknüpfung an 1 *instrumentum vitae beatae; instrumentum* ist die *ratio* bzw. die aus ihr gewonnene *persuasio.* Diese *ratio* hat eine dreifache Aufgabe (Voit 100):
– sie ist Sklavenmeister (gegenüber den *mancipia* und *perturbationes*)
– sie ist Schutzwehr (gegenüber den Angriffen der *fortuna:* sog. *mala*)
– sie ist Verbindung zum Göttlichen (Menschenseele = Teil der Weltseele).

illa ipsa, quibus laedi videtur (*homo*): Das als schlimm erlebte Schicksal dient zur Bewährung der Tugend (De providentia 2, 4 *marcet* [träge sein] *sine adversario virtus*) und „Erhaltung des Universums" (*conservatio mundi*). Jeder einzelne hat nämlich seinen Platz im Weltganzen und unterstützt durch seine eigene Vollendung (↗ 41, 8) „den Lauf und die Aufgabe der Welt".
placeat homini, quidquid deo placuit: Die hier empfohlene Haltung einer widerspruchslosen Einstimmung in den göttlichen Willen/die Schicksalsfügungen (↗ zu 16, 5) wird unter den älteren Stoikern wohl nur von Kleanthes herausgehoben, für die späteren ist sie wichtig. Die stoische (Natur-)Philosophie hat aber insgesamt einen durchaus religiösen Charakter.
non potest vinci: Der (weise) Mensch ist unbesieglich wegen seiner Einstellung (*sciat . . .*); dadurch hat er *illud bonum immensum et insuperabile* (11) in sich bzw. **ratione(*m*), qua valentius nihil est.** Durch 76, 10 gewinnen wir die Gleichsetzung: *ratio perfecta* (bzw. *recta/vera ratio* ↗ auch zu 16, 1 *bona mens*) ~ *virtus* ~ *honestum* bzw. *vita beata* (1 und 92,2 *in hoc uno positum esse beatam vitam, ut in nobis ratio perfecta sit)*; vgl. auch Cic. fin. 5, 38.

21 **Ama rationem**: Wird erläutert durch einen Dreischritt: Liebe zu den Jungen (Tierwelt), Liebe zum Ruhm (Politik; besonders röm. Denkweise), Liebe zur *ratio* (Philosophie). Die „Liebe" zur Vernunft (nicht etwa nur *sequere rationem*) ermöglicht ihre volle Entfaltung zur *ratio perfecta,* an der die Glückseligkeit hängt (20). *ratio perfecta* (ein stoischer t. t.) ist wiederum gleichwertig mit *sapientia perfecta,* die wir in 16, 1 als Garanten der *vita beata* kennengelernt haben.

Der Abschnitt 10 - 21 umfaßt den Hauptteil des Briefes, die Güterlehre (in 2x6 Paragraphen); im folgenden werden Einwände widerlegt (22 - 29: in 2x4 Paragraphen); der Schluß (30 - 34) handelt von der inneren Harmonie des Menschen (*convenientia*: ↗ S. 79 zu 20, 5; vgl. auch Voit 102).

Fr 1. Was kann Ihrer Erfahrung nach ein *murus inexpugnabilis* (19) sein, der bei Schicksalsschlägen zur inneren Ausgeglichenheit verhilft?
2. . . . *in fortunae venit potestatem, alieni arbitrii fit* (1): Inwiefern unterscheidet sich der hier gemeinte Inhalt von dem in 16, 6 mit ähnlichen Wendungen ausgeführten Gedanken?
3. Erstellen Sie für ep. 74 eine Liste stoischer Grundbegriffe!
4. Formulieren Sie thesenartig die stoische Güterlehre im Unterschied zur akademischen und peripatetischen (↗ Reiner)!
5. (Kurzreferat, unter Verwendung einer Übersetzung) Welche Gedanken von ep. 74 begegnen auch ep. 98? Was ist anders?

2.3 Zusammenhang von Ethik und (Meta-)Physik: 1. Göttlicher Geist in der Natur und im Menschen (ep. 41)

(zu Stoa und Christentum, zur Gedankenführung und Gliederung vgl. Wimmershoff; zu Bezügen zu ep. 31; 34 - 41 vgl. Maurach [1987], in: WdF 352 - 360; Schirok 79 - 81; Krefeld, in: Auxilia 31, 105 - 124)

1 **ut scribis**: ↗ 74, 1 *epistula tua.* – **persevēras**: Die Beständigkeit und die **bona mens** waren 16, 1 dem Lucilius empfohlen worden.
optare (erg. a *deo*) // **impetrare** (*a te*): Vgl. 31, 5: es ist schändlich, die Götter mit Wünschen um unser Glück zu belästigen; *fac te ipse felicem.* Auch die nötige Befreiung (von belastenden Ängsten) ist unser eigenes Werk (80, 5 *tibi des oportet istum bonum, a te petas*).
manus elevare: Alte, auch christliche Gebetshaltung der sog. Oranten.
simulacrum (h. eine Plastik) in der *cella*: Dazu hatte nur der Tempeldiener Zutritt. Daß Gläubige den Götterstatuen ins Ohr flüstern, ist nicht satirische Übertreibung, sondern wohl damalige Gewohnheit, wie ja auch Lippen, Hände und Füße der Götterstatuen geküßt wurden (Friedländer SG 917 f.). Namentlich in der verlorenen Schrift ‚De superstitione' (Grimal 281) hat Seneca verschiedene Formen solcher Götterverehrung getadelt und sich dadurch etwa die Anerkennung des Augustinus erworben. Senecas Meinung über richtige Gottesverehrung wird z. B. 95, 47 - 50 faßbar. (↗ Fr 2)
prope a te deus – tecum – intus (*te*): Trikolon und Klimax. In der sog. Areopagrede des Apostels Paulus lesen wir: . . . *In ipso* (*Deo*) *enim vivimus et movemur et sumus.* Die Aeropagrede zeigt stoische Elemente, doch ist die in ihr geäußerte Theologie „im ganzen NT ein Fremdkörper" (Dibelius), was die Diskussion Seneca – Paulus sehr erschwert, vgl. Kuss, O.: Paulus. – Regensburg 1971, 62 - 65.

2 **sacer intra nos spiritus sedet**: Hyperbaton und Alliteration (*sedet* statt *est:* „wohnt") betonen die Heiligkeit. Jede menschliche Einzelseele ist ein Teil der Weltseele. Im ersten Korinther-Brief (3, 16) schreibt der Apostel Paulus *templum Dei estis et Spiritus Dei habitat in vobis,* doch geht es ihm darum, inwieweit der Christ über seinen Körper frei verfügen darf (vgl. Kuss 129). Neben einer gewissen Nähe von Seneca und Paulus – vgl. auch den erst um 300 n. verfaßten Briefwechsel zwischen Paulus (sechs Briefe) und Seneca (acht Briefe), der etwa von Hieronymus und Augustinus erwähnt und im

Mittelalter für echt angesehen wurde – sind die Unterschiede unübersehbar. Das hat schon Erasmus klar ausgeführt (Vorwort seiner 2. Seneca-Ausgabe von 1529; vgl. auch Bütler Kap. XI und Friedländer: WdF 414, 135 - 148). Dennoch erschien noch 1637 in Augsburg ein Florilegium ‚Seneca Christianus'. Aber nach stoischer Auffassung ist der *sacer spiritus* feiner Stoff des feurigen Hauches (also materialistisch gesehen); er hat nichts mit dem christlichen Gedanken zu tun, Gott als Person zu sehen.
tractatus est/tractat: Die göttliche Kraft in uns wirkt wie ein Same; entsprechend der Pflege bringt er Früchte gemäß seinem göttlichen Ursprung (73, 16).
supra fortunam . . . ab illo (*deo*) **adiutus exsurgere** (↗ zu 16, 5): Nicht Gott (*deus extra nos*) bewahrt den Menschen vor Schicksalsschlägen, sondern der Mensch vermag sich durch seine innere (göttliche) Kraft (*deus intra nos*) über das Schicksal zu „erheben" ↗ 4.
(quis deus, incertum est), habitat deus: Vergil, Aen. 8, 352; Seneca bringt allein in den Briefen 45 Zitate dieses von ihm am meisten geschätzten Dichters (WdF 213); er verändert hier Vergil entsprechend seinem Gedankengang, daß alles von göttlichem Geist durchwirkt ist: Statt eines von einem Gott bewohnten Hains (↗ 3) spricht er von dem von Gott erfüllten Menschen.

3 An drei Beispielen zeigt Seneca, wie Naturerleben religiöse Gefühle wecken kann. Darin mag sich röm. Volksglaube (mit Baum-, Berg- und besonders Quell-/Wassernymphen) spiegeln (Maurach 353 A. 60). Diese Beispiele sind eine Vorbereitung auf 4: Noch viel mehr als in der Natur kann man in einem zur Vollkommenheit entwickelten Menschen Gott vermuten.
aras habet: Meist primitive Altäre mit simplen (Votiv-)Bildern; Opfergaben waren Blumen und Früchte, Kuchen, Honig und Wein.

4 Der in stoischer Sicht vollkommene Mensch, der *sapiens*; er ist:
- **interritus periculis** ↗ ἀταραξία/*ataraxía* („Unverwirrtheit") bei Epikur
- **intactus cupiditatibus** ↗ ἀπάθεια/*apátheia* („Leidenschaftslosigkeit"); dieser stoische Begriff ist von Epikurs *ataraxía* kaum zu unterscheiden
- **inter adversa felix,** da die Schicksalsschläge Adiáphora sind (↗ zu 74, 16)
- **in mediis tempestatibus placidus** ↗ γαλήνη/*galḗnē* („Stille") des Meeres bzw. des Gemütes („Heiterkeit") ~ *tranquillitas maris* bzw. *animi*
- **ex aequo deos videns**, da ja der höhere Teil des Menschen göttlich ist.

In solchen Wendungen liegt nach antikem Verständnis keinerlei Hybris. Dieser *animus* ist „höher und erhabener" als der „armselige Leib", wenn er *rectus bonus magnus* ist (31, 11).

5 **Vis isto divina descendit/animus demissus**: In diesem Satz, daß der Geist aus der Höhe stammt, wirkt wohl Gedankengut Platons bzw. des platonisierenden Stoikers Poseidonios (↗ E 1.5) nach.
Non potest res tanta sine adminiculo numinis stare: ↗ 2 *Bonus vir sine deo nemo est.* Das Bild von den Sonnenstrahlen (vielleicht von Platons Staat 508 beeinflußt) zeigt den Menschen in Verbindung zum göttlichen und zum menschlichen Bereich. Mit **illuc spectat ac nititur** verläßt Seneca das Bild (die Sonnenstrahlen kehren ja nicht zur Sonne zurück) und betont das Hinaufstreben der Geist-Seele (Poseidonios) zum Göttlichen – ein Gedanke, den Platon im Phaidon ausführt.

6 **Quid est ergo hic animus?**: Die Antwort nach dem *proprium animi* wird durch mehrere Vergleiche vorbereitet; schon diese betonen jeweils die Naturgemäßheit als Kennzeichen der Echtheit. Der Löwe ohne ursprüngliche Lebenskraft und Wildheit entspricht einem Menschen, dessen feuriger (göttlicher) Geist durch das Überhandnehmen des unvernünftigen Seelenteils auf das bloß Irdische herabgedrückt wird.

aurata iuba . . . **bratteato**: Die zu Schaukämpfen bestimmten Tiere wurden z. B. durch Vergoldung der Hörner und Mähnen, Belegung mit Goldplättchen, Behängung mit bunten Bändern und durch Färbung geschmückt.

7 **ipsa** . . . **adminicula**: Die Wortstellung paßt gut zur Verschränkung der Rebzweige; die Formulierung lehnt sich wohl an Ovid, Met. 15, 76 f. an.

propria virtus . . . **in vite**: *virtus* bedeutet hier im Sinn der griech. ἀρετή/ *aretḗ* „Leistung“ ohne Bezug auf den *vir*.

formonsus: Die Adjektive auf *-osus* wurden nasaliert gesprochen und daher häufig mit eingeschaltetem *n* geschrieben.

nihil horum in ipso est, sed circa ipsum (↗ 74, 17): Alle sog. Güter (Adiáphora) sind nie *in nobis*, nur der Geist ist dies.

8 **proprium hominis est** . . . **Animus et ratio in animo perfecta**: Da auch ein Tier als *animal* einen *animus* hat, wird mit *ratio in animo* das *bonum hominis* (~ *rationale animal*) hinzugefügt. *ratio in animo perfecta* (ähnlich 124, 23; ↗ Cic. fin. 5, 40) meint dann den Menschen in seiner Vollendung; sie ist auch der Garant der *vita beata* (92, 2). Da *ratio perfecta* und *bona mens* (1) bei Sen. vielfach annähernd dasselbe besagen (↗ zu 16, 1), liegt eine Anknüpfung an den Briefanfang (vgl. auch *salutem* im letzten und *salutarem* im ersten Satz des Briefes) vor, d. h. die bei Sen. nicht seltene Rahmenkomposition.

consummatur bonum eius (*hominis*), **si id implevit, cui nascitur**: Das in den Menschen gelegte *bonum,* die *ratio,* muß seiner Bestimmung gemäß zur *ratio perfecta* entfaltet werden (49, 11 *natura . . . rationem dedit imperfectam, sed quae perfici possit*; ↗auch zu 74, 20). Dies geschieht durch geistige Erfassung des Naturzusammenhangs (Physik) und innerliche Einstellung darauf im Handeln (Ethik); vgl. Cic. fin. 4, 35 *rationis perfectio est virtus.*

9 **secundum naturam suam vivere**: *secundum naturam vivere* bzw. *naturae convenienter/congruenter vivere* bzw. *naturam sequi* oder *naturae consentire* (107, 7) ist die Grundregel stoischer Lebensführung (S. 44). Daß hier **suam** eingefügt ist, dient nur der Abgrenzung gegenüber den Tieren (↗ 8): Erst durch die Pflege der Vernunftkräfte wird der Mensch seiner Wesensbestimmung gerecht, *suam* meint aber keinen Vorrang der menschlichen Natur gegenüber der Gesamtnatur. Das Verhältnis der beiden wurde allerdings in der Stoa verschieden akzentuiert: Nach Kleanthes muß der Mensch nur der gemeinsamen Natur folgen „und nicht mehr der Einzelnatur“; Chrysipp betont beide Aspekte, „die gemeinsame und speziell die menschliche Natur“ (Diogenes Laërtios 7, 89). Für Marc Aurel 7, 11 gilt: „Für das vernünftige Lebewesen ist die gleiche Handlung gemäß der Natur und gemäß der Vernunft.“ Jedenfalls steht für alle Stoiker fest, daß die menschliche Natur ihr Wesen und Gesetz nicht aus sich allein hat, sondern aus dem Wesen und Gesetz der Gesamtnatur leben muß (vgl. auch Hossenfelder 61).

communis insania: Diesem natur-/vernunftgemäßen Leben steht hauptsächlich die Masse entgegen (De vita beata 1, 5 *stat contra rationem defensor mali sui populus*). Der *error publicus* kann sogar den Anschein des *rectum* haben, was besonders gefährlich ist (123, 6).

Fr 1. Stellen Sie die gewonnenen Definitionen (↗ Fr 3 zu 74) zusammen!
2. Kennen Sie einen Menschen, der dem Ideal von § 4 entspricht?
3. (Kurzreferat:) Seneca und Paulus (bes. Auswertung der zitierten Stellen)
4. (Kurzreferat:) ep. 95, 47 - 50: Seneca zur richtigen Gottesverehrung

2.3.2 Folge dem Gotte! (ep. 107, 8 - 12)

(vgl. Lefèvre 71 - 73 zu den zwei Teilen des Briefes; Schirok 68 - 70)

Für die Stoiker ist die Gottheit (meist *Zeus/Iuppiter*, in § 12 *dei*) als körperliches Wesen „feuriger Hauch", als geistig-seelische Kraft belebendes Prinzip (Weltseele mit „Wollen" und „Vorsehung"); sie ist nicht als rein geistige, freie Person Urheber der Welt, sondern die Substanz, aus der die Welt entspringt (d. h. *natura; ↗ nasci*). Die Gottheit ist weitgehend mit dem Weltgesetz (*necessitas*) identisch, dieses dagegen nicht von ihrem Willen abhängig. Es erscheinen aber *deus, natura, lex* (*mundi*) als austauschbare Begriffe; *natura* selbst wird z. T. personifiziert (*natura regnum temperat*).

8 **Contrariis rerum aeternitas constat**: Diese abschließende Sentenz zielt entweder auf den periodischen Wechsel von Weltentstehung und Weltvergehen oder auf den Kreislauf der vier Grundelemente. Nach stoischer – von Heraklit übernommener – Lehre gibt es nämlich infolge zunehmender Verdichtung und Erkaltung den stufenweisen Wechsel von (zeugendem) Feuer über Luft und Wasser zu Erde und zurück bis zum (reinigenden) Feuer; der Weltenbrand bringt dann einen schöpferischen Neubeginn (↗ E 1.1).

9 **Ad hanc legem** (*naturae*) . . . **animus aptandus** (↗ *secundum naturam vivere:* 41, 9): Die „Anpassung" besteht in *sequi/parēre* (↗ zu 16, 5) bzw. *comitari*.
miles: Der Mensch als Soldat ↗ S. 85 zu 74, 19.

10 **nec deseramus hunc operis pulcherrimi cursum** (↗ zu 74, 20): Die Welt ist nach stoischer Lehre schön und zweckmäßig eingerichtet (Cic. nat. deor. 2, 75; 82) und bildet dadurch einen Beweis ihrer Göttlichkeit; sie ist der „vollkommene Leib", den sich die Gottheit erzeugt hat und als Seele belebt. Die Versenkung in den Kosmos (= „Ordnung"), d. h. die Physik, bringt uns der Gottheit nahe und spornt uns zu größerer Anstrengung an, dient also der Ethik.
álloqui Iovem: Eine so persönliche Zuwendung finden wir auch im Zeus-Hymnus des Kleanthes, des zweiten großen Stoikers († ca. 231 v.).
(*versus*) **mutare** . . . **Ciceronis** . . . **exemplo**: Cicero brachte in seinen philosophischen Schriften nicht selten eigene Prosa- und Versübersetzungen griechischer Autoren, besonders von Platon (↗ BT 2) und Euripides.

11 Die Verse sind Senare (bestehend aus „je sechs" jambischen Füßen) nach dem Grundmuster ∪ – / ∪ – / ∪ – / ∪ – / ∪ – / ∪ **x**; in Vers 1 und 3 besteht der 4. Fuß, in Vers 2 und 4 der 2. Fuß aus je 3 Kürzen; Vers 4 lautet prosodisch ∪ – / ∪ ∪ ∪ / – ∪ ∪ / ∪ – / ∪ ∪ – / ∪ –. Der letzte Vers, ein eigener Satz,

ist besonders stilisiert und einprägsam; O. Spengler († 1936) schließt damit sein Werk ‚Der Untergang des Abendlandes‘ (er stellt um: *„fata volentem“*). Nur für die ersten vier Verse haben wir die griech. Vorlage (Epiktet). Den fünften Vers hält man z. T. für ursprünglich griech. (Kleanthes), z. T. für eine eigene Prägung des Seneca, dessen Gottesbild von Kleanthes stark beeinflußt ist (Grimal 280). 61, 3 lesen wir *quidquid necesse futurum est repugnanti, id volenti necessitas non est.* Auffällig ist, daß Vers 5 die *fata* Subjekt sind, während zuvor von dem väterlichen Weltenlenker *Iuppiter* die Rede ist; doch hat Sen. oft diese Gleichsetzung (↗ S. 74 f. zu 16, 4 - 6).

12 **de ordine mundi** (~ 10 *cursus pulcherrimi operis*; ↗ BT 6, 1: § 87): Zur Gleichsetzung von Weltgesetz und Götter/Gott ↗ zu 8.

Fr 1. Inwiefern stimmen die Verse in § 11 mit Prosa-Formulierungen des Briefausschnitts überein?
2. „Ich folge willig, wie du mich, / O Schicksal, wollest leiten.
Denn, folgt ich nicht, was würde ich / Als Zwang und Gram erbeuten?“
Vergleichen Sie dieses Gebet von J. G. Herder ans Schicksal mit Seneca § 11!
3. Bedenken Sie die Erfahrung erlebter Freiheit bzw. erlebten Zwangs etwa am Beispiel der Pflicht (↗ 11 letzter Vers)!

2.4 Schicksal und Freiheit: Paränese zum Kampf gegen voluptas (als Gut der fortuna) im Namen der libertas (ep. 51)

(zu Gliederung, assoziativer Struktur, Aussage und Ton vgl. Lefèvre)

1 **habes Aetnam . . . Siciliae montem**: Lucilius ist seit einiger Zeit (ep. 14, 8) in Sizilien Procurator (↗ E 4.2). Aetna und Baiae werden als Hauptattraktion der jeweiligen Gegend gegenübergestellt.

(*Baiarum*) **naturales dotes**: Gerühmt werden die Lage (Meer und Binnenseen: ↗ 4; Fisch- und Austernreichtum) und das Klima (klare und milde Luft). Die aus der Erde aufsteigenden heißen Schwefeldämpfe werden zu Schwitzbädern (6) benützt.

luxuria: Baiae war für mindestens fünf Jahrhunderte der bekannteste Lustort mit zahlreichen Villen seit Ciceros Zeit (↗ 11); Schmausereien, Gesellschaften, musikalische Darbietungen und Wasserfahrten waren an der Tagesordnung (3; 12); vgl. Friedländer SG 351/3.

2 **aliqua vestis . . . cónvenit**: So hatten z. B. Senatoren und Ritter an ihrer Tunika einen breiten bzw. schmalen Purpurstreifen.

frugalitatem professo: Umschreibung für den Berufsphilosophen; *frugalitas* ~ *temperantia* bzw. eine Tugend mit umfassender Bedeutung (*reliquas virtutes continet*: Cic. Tusc. 3, 16).

ad sapientiam tendens: ~ *proficiens* (↗ S. 73 zu 16, 1).

3 **Canōpus**: Kleine Halbinsel vor der Mündung des westlichen Nilarmes; auf einem Kanal (mit Herbergen für das ausgelassene Treiben) fuhren die Alexandriner unter Tanzmusik zu den bekannten Vergnügungen im nahe gelegenen Canópus. Sen. wird den Ort ca. 31 n. kennengelernt haben (↗ E 4.1).

luxuria: Personifiziert wie in § 1.

4 **popīna**: Dialektform für *coquina* (spätlat. > ital. *cucina*) ↗ *cóquere* kochen. **comessatio**: Schreibung wohl in Anlehnung an *com-edere* für *comissatio* (von griech. *kōmos* „Schwarm, Festzug"). – Den Einfluß der Gegend auf Gesundheit und Charakter (sog. Milieutheorie ↗ 10/11) haben antike Ärzte, Historiker und Philosophen (z. B. Poseidonios) oft beobachtet.

lacus: Den nördlichen Avernersee (einen Binnensee) und den südlichen (zur Austernzucht benutzten) Lucrinersee (eine Lagune) hatte schon Agrippa († 12 v.) durch einen Kanal verbunden und einen Ausgang zum Meer angelegt. Der so entstandene *portus Iulius* diente auch zu Schiffsausflügen.

peccat/publicat: ↗ 41, 9 *in vitia alter alterum trudimus.*

5 **Hannibal** bezog 216/5 das Winterlager in Capua in Kampanien. Was Livius von der Truppe berichtet, schreibt Seneca (mit z. T. livianischen Wendungen) dem Anführer zu. Die verweichlichende Wirkung dieser Winterquartiere wird im Altertum vielfach behauptet, ist aber nicht erweisbar.

armis vicit, vitiis victus est: Wortspiel; das Wortfeld „kämpfen" bestimmt den weiteren Brief.

6 **Nobis quoque militandum est**: ↗ zu 74, 19. Die Betonung des dauernden Kampfes (↗ 13 *persequere* [*vitia*], *sine modo, sine fine*) entspricht röm. Denkweise und der Bedeutung des Willens, die Seneca diesem für die sittliche Vervollkommnung zuschreibt (Krefeld).

calentia stagna: Sie entsprechen dem *caldarium* (Warmwasserbecken).

sudatoria: Sie waren eine Art von warmen Luftbädern (*siccus vapor*), besonders von Leuten besucht, denen übermäßiger Genuß Unbehagen bereitete. Künstlicher Schweiß (// natürlicher Schweiß etwa eines Soldaten) war Sen., einem Feind warmer Bäder (↗ E 4.1), zuwider.

7 **minus nobis . . . licet**: Wir haben geringeren Spielraum (als) . . .; die Ergänzung von *corpora fovere* ist unnötig.

8 **Fortuna mecum bellum gerit**: Hier geht es nicht um schlimme Schicksalsschläge, sondern um die gefährlichere Versklavung durch die *voluptas*; „Gaben" des Glücks sind oft nur Fallstricke (*insidiae*: 8, 3).

paupertati cedere: ↗ ep. 20.

9 **Libertas proposita est**: **ad hoc praemium laboratur**: Das neue Thema wird durch doppelte Alliteration unterstrichen. Die beschriebene psychologisch-moralische *libertas* will auch über den Tod entscheiden (Catos Freitod ↗ ep. 24, 6). Gedanklich liegt hier der Höhepunkt des Briefes.

illam . . . plus posse, nil poterit: „Paradoxon": Wenn der Stoiker die Übermacht des Schicksals erkannt hat, macht er es durch seinen Selbstmord unwirksam, vgl. auch 24, 22 - 25. Daß Seneca den Selbstmord mit der Freiheit und Selbstbestimmung des Menschen in Verbindung gebracht hat, unterscheidet ihn nach Leeman (329 - 331) von den anderen Stoikern.

10 **in aspero**: Unklass. Substantivierung des Adj. in Präpositionalausdrücken. **urbanus et verna**: Im Zusammenhang überrascht *verna*, da ein Sklave i. allg. nicht Soldat ist. Es ist aber wohl eher an den „Sumpf der versklavenden Leidenschaften" in der Stadt gegenüber dem steinigen, aber gesunden Land zu denken analog zu den zuvor beschriebenen Bodenverhältnissen.

unctus et nitidus: Gemeint ist der verwöhnte, kampfuntaugliche Städter.

11 **Literni**: In der Küstenstadt Liternum (ca. 15 km nordwestlich von Baiae) lebte Scipio d. Ä., der Besieger Hannibals, nach dem sog. Scipionenprozeß, bei dem ihm und seinem Bruder Unterschlagungen aus der reichen kleinasiatischen Kriegsbeute vorgeworfen worden waren (ca. 188/7), in selbstgewählter Verbannung in einem einfachen Landhaus mit bescheidenem Privatbad (ep. 86); dort wurde er nach dem Tod (183 v.) begraben.

ruina eius non est tam molliter collocanda: Ein Kriegsmann wie Scipio darf auch nach seinem Sturz nicht in solcher Verweichlichung (wie in Baiae) untergebracht werden (↗ 8 *non est emolliendus animus* beim Kampf gegen den Genuß); daher werden auch die Villen der röm. Feldherrn als Posten zum Spähen (*speculari*) bezeichnet.

12 Bei Senecas Vorbild Cato Uticensis (↗ zu 24, 6 und zu Cic. fin. 3, 7), dem Vertreter altrömischer Moral und Wehrhaftigkeit, ist einiges scherzhaft übertrieben (Lefèvre), im übrigen mit Anklängen an 4 formuliert.

(vallum) quod in unam noctem . . . ipse duxisset (Modus-Angleichung: „hatte aufführen lassen, indem er selbst Hand anlegte“). Der röm. Soldat mußte auch für eine Nacht sein Lager befestigen.

13 **illis** (*vitiis*) **quoque nec finis est nec modus**: Das Böse erscheint in mehreren Stellen bei Sen. als in unserer Natur angelegt und muß mit aller Kraft ausgetrieben werden. Nur Unterweisung und stetes Bemühen führen zur *virtus*. Manche Stellen von Sen. sprechen aber auch von einer (nur) guten Anlage des Menschen. Krefeld spricht daher von der Doppelnatur des Menschen (Auxilia 31, 61 ff.: Senecas Lehre vom Bösen).

quae (*vitia*) **si aliter éxtrahi nequirent, cor ipsum cum illis revellendum erat**: Man kann Mt 18, 9 vergleichen *si oculus tuus scandalízat* (ärgert) *te, é-rue* (reiß heraus) *eum, et próiice abs te* (5, 29 wird – in der sog. Bergpredigt – der Ausspruch, z. T. verändert, auf den Ehebruch durch lüsternen Blick angewendet). Seneca fordert nicht zum Selbstmord durch „Herausreißen des Herzens“ (analog zur radikalen Selbstheilung im NT) auf; es soll vielmehr das Herz von den darin wohnenden Affekten befreit werden. Senecas Irrealis ist nicht weit weg von der Forderung im NT (ähnlich Mk 9, 47).

voluptates: Sie werden verglichen mit ägyptischen (↗ 3) Räubern, deren Umarmung tötet. Dabei erscheint das seltene griechische Wort „Betrüger“ (*phēlētēs*, vgl. *fallere*) entsprechend einer wohl gängigen Volksetymologie in einer Schreibung (*iōta* und *ēta* wurden damals gleich ausgesprochen), die an „Freunde“ denken läßt.

Fr
1. Versuchen Sie, eine Gliederung des Briefes zu geben! (↗ Lefèvre)
2. Nehmen Sie Stellung zur Meinung von Lefèvre, die Wiederaufnahme des Themas *Baiae* in 13 entspreche einer „Rondo-Form“ (in der Musik)!
3. Überlegen Sie, wie sich die von Seneca hier vorgebrachten Aspekte der „Milieutheorie“ (↗ zu 4) heute darstellen!
4. (Kurzreferat, mittels einer Übersetzung) Welche ähnlichen Ansätze enthält Brief 28, inwiefern werden diese anders fortgeführt?

3. Das Problem der Zeit und des Todes

3.1 Wesen und Wert der Zeit (ep. 1)

(vgl. Blänsdorf/Breckel 18 - 24; v. Albrecht; Reinhart 102 - 112)

Seneca behandelt ein Thema mit unmittelbarem Lebensbezug (den Umgang mit unserer Zeit) ohne philosophische Fachtermini. Den Wert der Zeit einzusehen, bildet in mehreren Dialogen und hier im Eröffnungsbrief den Anfang der Unterweisung (Grimal 94).

1 **vindica te tibi** (Polýptoton): Lucilius soll sich in den Genuß des vollen Rechts auf sich selbst („widme dich dir selbst") setzen, d. h. eine teilweise Fremdbestimmung bzw. Selbstentfremdung (durch Zeitverlust) beenden (vgl. De brevitate vitae 2, 4 *nemo se sibi vindicat . . . suus nemo est*). Wahre Befreiung verdanken wir der Philosophie (8, 7), deren Hauptziel sie ist. Das Freiheitsstreben führt bis zur Entscheidung über die Fortsetzung des Lebens (ep. 24). Diese Freiheit ist Freiheit von etwas, nämlich *occupationes, vana* (Nichtigkeiten), und Freiheit für etwas, nämlich für die Philosophie (für die Gottes- und Kosmosschau sowie für die Ethik).

tempus: „Zeit" ist nicht gesehen als abstrakter und objektiver Maßbegriff, sondern konkret als Sache, die man sammeln (↗ 4 „Zeit sparen") und wie eine Ware abschätzen kann (2/3), subjektiv als eine durch ethisches Handeln beeinflußbare Möglichkeit.

adhuc aut auferebatur: Die einzelnen Verlustmöglichkeiten (durch äußere Nötigung – heimliche Beraubung – eigene Unachtsamkeit mit Variation beim 2. Trikolon) zielen auf einen Appell an die persönliche Verantwortung des Lucilius: *turpissima iactura per neglegentiam.*

nihil agere: Das meint vor allem Versäumnis wertvollen Tuns (*nihil* „nichts von Bedeutung"; vgl. die Wendung *nihil dicis*).

2 Die Erkenntnis von möglicher Zeitvergeudung (1) und uns auferlegter Zeitbegrenzung führt in einem Trikolon (*qui*-Sätze) zum Tod bzw. zur fast paradoxen Zuspitzung **cotidie mori.** Seneca streift hier ein Thema, das auch Lucilius schon behandelt hat (24, 19 f. mit sehr ähnlichen Formulierungen: vgl. Schottlaender WdF 414, 175). „Kein antiker Philosoph aber hat dieses *meditari mortem* so ins Zentrum seiner Lebenslehre gerückt wie Seneca" (Leeman 328). Seneca nennt es das besondere Thema des Alters (61, 2). Heidegger bezeichnet das Leben als „Sein zum Tode".

pretium tempori ponat: Zu Senecas „Wertlehre" ↗ S. 72 zu 89, 9.

(*magna pars*) **eius iam praeterīt**: Wegen der Klausel (–⏑– –⏑–: Doppelcreticus) steht die kontrahierte Form (↗ S. 80 zu 20, 10).

Fac ergo, mi Lucili und **omnes horas complectere** (d. h. nütze aus): Anknüpfung an 1 (*tempus collige et serva*) und Steigerung.

ex crástino pendēre: Statt dieses weitverbreiteten Übels (45, 12) rät Seneca **hodierno manum inicere** und praktiziert dies: 61, 1 *id ago, ut mihi instar totius vitae dies sit.*

Dum differtur vita, transcurrit (Verstärkung für *transit*): „Über dem ewigen Aufschieben zerrinnt das Leben." Die Sentenz zielt auf den Rat, die allein verfügbare Gegenwart zu nutzen; vgl. 101, 7 *nihil differamus, cotidie cum vita paria faciamus* („abrechnen").

3 **Omnia aliena sunt** (rhetorisch übertrieben für alle außer dem Geist liegenden, d. h. sog. Güter: 74, 17), **tempus tantum nostrum est** (zitiert von Günter Grass in seinem Roman „örtlich betäubt" S. 46 f. der Luchterhand-Sammlung von 1987, in dem Sen., vor allem die Briefe und die Stichworte stoisch/Stoa, laufend begegnen; vgl. Rutz, W.: Seneca und Stahlbeton. In: Gym 89 [1982] 122 - 134): Wenn allein die Zeit dem Menschen verliehen ist, dann ist Verfügung über seine Zeit auch Verfügung über sich selbst. Natürlich ist nicht die Zeit an sich gemeint, sondern der Umgang mit der Zeit, die zur sittlichen Vervollkommnung genutzt werden soll.

cum interim (regelmäßig + Ind.): Es dient zur Anreihung eines neuen Gedankens („jedoch"); im Dt. tritt die Bedeutung der Gleichzeitigkeit (die den lat. Ind. veranlaßt) gegenüber der des Gegensatzes zurück (vgl. im Dt. „unterdessen" und „indessen").

4 **Interrogabis fortasse** . . .: Selbsteinwand; ↗ S. 74 zu 16, 4 *dicet aliquis.*

quid ego faciam: Das persönliche Beispiel ersetzt weitere Ermahnungen; Sen. stellt sich nicht als vollkommen dar, empfiehlt nur eigene Erfahrungen.

ratio mihi constat impensae: Die genaue Buchführung (*tabulae accepti et expensi* „Verzeichnis der Einnahmen und Ausgaben" ↗ 3 *accepit*) über die vergeudete Zeit ist indirekt auch Ansporn zu ihrer besseren Nutzung, ↗ De brevitate vitae 6, 4 *spatium* (*temporis*), *quod . . . ratio dilátat* (ausdehnt).

paupertas: Zeitverlust meint hier ungenutzte Möglichkeit, für sich zu sein und an sich zu arbeiten.

causas paupertatis meae reddam: Dazu verhilft die tägliche Gewissenserforschung (↗ S. 73 zu 16, 2).

5 **Quid ergo est**?: Fragt nach dem wahren Sachverhalt (// *quid ergo*?), oft nach einer Negation; Formel der Umgangssprache.

cui, quantulumcumque superest, sat est: Die Zufriedenheit gilt hier gegenüber der Zeit (auch bei *tua*). Seneca denkt wohl auch an sich (er ist ca. 65 Jahre alt); den Gegensatz bildet *tu . . . serves* (mit Rückbezug auf 1 *serva*).

maioribus nostris: Der Hinweis auf die röm. Vorfahren (wir kennen denselben Satz auch aus dem Lehrgedicht des griech. Dichters Hesiod [um 700 v.], Werke und Tage 369) ist nach dem persönlichen Beispiel (4) ein weiteres Mittel, Lucilius zu beeinflussen. Wieder ist *parsimonia* ursprünglich für materielle Vorräte (Öl/Wein im Faß) gebraucht, wo der mindere Wert des Restes unmittelbar einleuchtet; aber auch sehr späte Lebenszeit ist für große Taten weniger geeignet als die Jugend (108, 26 f.).

Fr 1. Untersuchen Sie § 1 stilistisch (↗ Breckel 91, v. Albrecht 140)!
2. Vergleichen Sie die Aussagen *Carpe diem* (Horaz, Ode 1, 11, 8) und *Dum differtur vita, transcurrit* (2)! Beachten Sie dabei den Kontext!
3. Erörtern Sie das Verhältnis von Freiheit und Freizeit!

3.2 Das Problem (des Schmerzes und) des Todes (ep. 24 m. A.)

(vgl. Leeman; Schwarz; Baltes; Loretto 44 - 47)

Das Todesproblem berührt Seneca in fast der Hälfte der Briefe (↗ zu 1, 2); er behandelt es in mehreren als Hauptthema, dazu in den drei Trostschriften. Der Tod als letzte Bewährung ist für die Stoa eine zentrale Frage, gerade unter manchen röm. Kaisern (vgl. Tacitus, Annalen). Der Freitod ist für die Stoiker auch ein letztes Mittel, um unerträglichen Leiden zu entgehen (vgl. 58, 32 - 36). Epikur dagegen lehnte persönlich den Freitod ab, seine Anhänger nicht immer (Cic. fin. 1, 49 und 62 bzw. Sen., De vita beata 19, 1: Selbstmord des zeitlich nicht festzulegenden Epikureers Diodor – vgl. dazu Schottlaender: WdF 414 zu Sen. 181 - 183). Nur die Stoa hat diese Frage systematisch behandelt (vgl. Gigon, Kommentar zu Cic. fin 502).

1 **Sollicitum . . . de iudici eventu**: Die Ungewißheit wegen des Ausgangs eines Gerichtsverfahrens bietet einen passenden Anlaß für Gedanken über Arten von Furcht, deren schlimmste die Todesfurcht (erstmals in § 3) bildet. Über Inhalt und Zeitpunkt (Frühjahr 63 n.?) des Rechtshandels (vgl. *causa* § 12. 16) ist nichts Genaueres bekannt; als kaiserlicher *procurator* war Lucilius den Angriffen seiner Neider ausgesetzt. *iūdic(i) ēventū* (–∪– ––): Die ältere dreisilbige Form *iudici* (Gen.), hier (auch?) wegen der sog. Klausel.

mala accersere . . . praesumere: Vgl. 13, 4 *saepius opinione quam re laboramus* und Cic. Tusc. 3, 25 *metus (est) opinio magni mali impendentis.*

2 **securitas** (mit Alliteration zum Gegenbegriff *sollicitudo*) bzw. *tranquillitas animi*: ↗ zu 16, 3. Sen. empfiehlt statt des üblichen und z. T. vernünftigen Rates, sich nicht vorzeitig und unnötig aufzuregen, man solle aller möglichen Furcht ins Auge blicken.

aliā te ad securitatem viā ducam: Nicht nur Hyperbaton, sondern eine Art von überkreuzter Wortstellung („Umweg“); weitere Beispiele ↗ zu § 3.

si vis . . .: Voranstellung von *vis* im Sinn von „wenn es dir mit deinem Bestreben ernst ist . . .“; Sen. betont seinen abschließenden Rat mit einer nachdrücklichen Alliteration *timorem tuum taxa*; ↗ Fr 1.

aut non magnum aut non longum esse, quod metuis: Ein epikureischer Gedanke (↗ 14-Ende); vgl. Cic. fin. 2, 22 *Si* (*dolor est*) *gravis, brevis; si longus, levis* (dort als epikureisch bezeichnet).

3 **exempla, quibus confirmeris**: Beispiele (aus Geschichte und Gegenwart) spielen in Senecas Briefen eine wichtige Rolle; sie wirken unmittelbarer als theoretische Darlegungen. Das Bestärken richtiger Haltungen ist Senecas großes Anliegen (↗ S. 73 zu 16, 1/2).

omnis illa (*exempla*) **aetas tulit**: Diese gleichsam verschränkte Wortstellung (statt *omnis aetas illa tulit*) begegnet ziemlich oft bei Sen.; sehr zugespitzt 41, 7 *ipsa . . . deducit*; vgl. auch zu 74, 19 *hoc multarum tibi urbium* . . . und außer § 2 noch Fr 4!

ingenia: abstractum pro concreto, wie Tacitus, ann. 1, 1 *decōra ingenia.*

profectus bzw. *proficiens*: ↗ 16, 2 und zu 16, 1 (S. 73).

Numquid ultra . . . timendum est: Mit anaphorischem *quam ut* statt *ne.*

Die vier möglichen schlimmen Folgen eines verlorenen Prozesses: Verbannung, Kerkerhaft, Folter (s. u.) und Tod werden durch vier Beispiele in § 4/5 ohne schulmäßige Pedanterie erläutert: Rutilius und Metellus für Verbannung, Sokrates für Tod und Kerker, Mucius für Folter (*uri* nimmt *uratur* auf); ↗ Fr 2.

4 (*P.*) **Rutilius** (*Rufus*): cos. 105; Schüler des Stoikers Panaitios und Freund des Scipio Aemilianus († 129 v.). Ca. 94 zog er sich durch seine gerechte Verwaltung von Kleinasien den Haß der habgierigen Steuerpächter zu und wurde zu Unrecht wegen Erpressung angeklagt. Beim Prozeß wurde er wohl auch deshalb verurteilt, weil er eine kunstgerechte Verteidigung verschmähte und seine Richter, die – aus dem Ritterstand stammend – zugunsten der Steuerpächter entschieden, seine Verachtung spüren ließ. Insofern ähnelt sein Prozeß etwas dem des Sokrates (s. u.). Er ging freiwillig ins Exil, u. zw. in die angeblich von ihm ausgeplünderte Provinz, und lebte in Smyrna seinen wissenschaftlichen Studien; die von Sulla († 78 v.) angebotene Rückkehr lehnte er ab. Cicero, der ihn öfters wegen seiner Sittenstrenge lobte, besuchte ihn 78 v. auf seiner Studienreise, wobei er angeblich die Erzählung des Gespräches hörte, das ‚De re publica' zugrunde liegt. Er schrieb eine röm. Geschichte, die Poseidonios benützte, und eine Selbstbiographie.
(*Q. Caecilius*) **Metellus** (*Numidicus*): cos. 109 v. im Krieg gegen den Numider Jugurtha; zu seinem Vater und seiner Familie ↗ zu Cic. fin. 5, 82. Um im Jahre 100 v. nicht das Siedlergesetz des aufrührerischen Volkstribunen Saturnínus beschwören bzw. bei der Verweigerung des Eides eine hohe Geldstrafe zahlen zu müssen, ging er ins Exil nach Rhodos; dort lebte er bis zu seiner Rückberufung i. J. 99 den Wissenschaften. Schon Cic. rühmt mehrfach seine aufrechte Haltung (z. B. Pro Sestio 101).
Socrates (↗ E 1. 1): Er wurde 399 v. zu Unrecht angeklagt und (wohl auch) wegen seiner selbstbewußten Verteidigung (↗ BT 2: § 97 – 99) verurteilt. Die Möglichkeit zur Flucht, die ihm vor allem sein etwa gleichaltriger Freund Kriton bot (*essent, qui*: Plural!), schlug er aus (vgl. Platons ‚Kriton'). Er blieb 30 Tage im Gefängnis bis zur Vollstreckung des Todesurteils. Kurz zuvor führte er mit Freunden ein Gespräch über die Unsterblichkeit der Seele – Grundlage bzw. Anlaß für Platons Dialog ‚Phaidon'. Dieses Buch las Cato (§ 6 *Platonis librum legentem*) kurz vor seinem Tode.

5 **Mucius** (*Scaevola*): Als die Etrusker ca. 508 v. Rom belagerten, versuchte er die Gefahr durch Ermordung ihres Königs Porsenna/*Porsina* abzuwenden; ertappt, wollte er seine Entschlossenheit und Todesbereitschaft und die seiner (angeblichen?) Mitverschwörer erweisen, indem er die rechte Hand in ein Becken mit glühenden Kohlen hielt (genaue Erzählung dieser altrömischen „Sage" bei Livius 2, 12); sein Beiname *Scaevola* erinnert an die gesunde linke Hand (*scaeva*). Mucius erreichte den freiwilligen Abzug der Etrusker. Als Soldat des 6. Jh. v. konnte er natürlich keine philosophische Bildung haben (*non eruditus*). Beachtenswert ist die kunstvolle Stellung *spectator . . . stetit* mit doppelter Alliteration.
te faciente patiaris: Daß das Subjekt des abl. abs. im Hauptsatz vorkommt, widerspricht den strengen Regeln der Schulgrammatik, findet sich aber oft

bei Cäsar und auch bei Cicero (vor allem in den Briefen und Reden); der Partizipialteil wird dadurch in seiner Eigenständigkeit betont.

nudis ossibus fluentem manum: Kühne Formulierung für etwa *manum, cuius caro de nudis* (proleptisch) *ossibus* (*de-*)*fluebat*; frei „die bis auf die nackten Knochen verbrannte Hand".

6 - 8 **decantatae . . . in . . . scholis fabulae**: In den Rhetorenschulen wurden über Gestalten der Sage und Geschichte vielfach Übungsreden gehalten, die in ihrer oft übertriebenen Rhetorik abstoßend wirkten (↗ S. 78 zu 20, 2). Das Beispiel des Cato ist für Sen. aber so wichtig, daß er es trotz des (fiktiven) Einwands nicht übergeht und ihm sogar denselben Raum gibt wie den vier vorausgehenden (je 16½ Zeilen). Weil es Sen. offensichtlich auf die Kombination von Schmerz und Tod ankommt, wählt er bewußt eine chronologisch überraschende Reihenfolge: Rutilius/Metellus (seelisches Leid) – Sokrates (zwar Kerker und Tod, aber kein Schmerz, da das Gift der Schierlingspflanze einen weitgehend schmerzfreien Tod verursachte) – Mucius (Extremfall des Schmerzes) – Cato (bewußte Entscheidung für Schmerz und Tod).

(*M. Porcius*) **Cato** (↗ auch zu Cic. fin. 3, 7): Über Cato, Vorbild für Sen. und seinen Zeitgenossen Thrasea Paetus († 66 n. durch Selbstmord), verfaßte letzterer eine Vita. Auch für Sen.' Neffen, den Dichter Lukan, war Cato das Muster der Unbeugsamkeit (s. u.). Er leitete nach Cäsars Sieg in Nordafrika bei Thapsus (46 v.) die Verteidigung der ca. 200 km entfernten Küstenstadt Utica (daher der Beiname *Uticensis* bzw. „der Jüngere"). Seinen Tod erzählt sehr realistisch Plutarch, Cato minor 70; vgl. auch Grimal, Seneca 286 - 290 und ep. 95, 69 - 72. Cic. off. 1, 112 versteht Catos Selbstmord als Konsequenz seines besonderen (unbeugsamen) Charakters.

Sen. hebt das Beispiel Catos auch stilistisch heraus: Fiktiver Einwand – ungewöhnliche Sperrung (*narrem . . . legentem*) – Kombination von zwei gegensätzlichen *instrumenta*: Buch und Waffe (Griechentum und Römertum); das Schwert ist hier Mittel einer sittlich verantworteten Tat, die zur wahren Freiheit führt (*in tutum*) – Zwiegespräch mit dem Schicksal: Cato als Antipode der *Fortuna* (↗ 51, 8) bzw. von Cäsar (§ 8; vgl. Sallust, Catilina 54). Bei Cato treten persönliche Interessen (*ut liber . . . viverem*) hinter seiner republikanischen Staatstreue (*inter liberos*: § 7) zurück. Im Tode bleibt Cato der moralische Sieger: *Victrix causa* (*Caesaris*) *deis placuit, sed victa Catoni* (Lucan, Pharsalia 1, 128). Nach der (für unser Gefühl zu) feierlichen Rede folgt eine eher schlichte und genaue Erzählung, die aber auf rhetorische Mittel nicht verzichtet: ↗ Fr 3. Die genannten Beispiele entstammen der Diatribe (d. h. den popularwissenschaftlichen Vorträgen), der Trostliteratur (*consolationes*) und den Deklamationen des Schulbetriebes (s. o.).

9a **exempla** (Wiederaufnahme von § 3): Sie sollen nicht Senecas Kenntnisse (*ingenium*) zeigen, sondern der Ermahnung und Erziehung dienen, um die ethischen Grundhaltungen zu befestigen. Der inhaltliche Gegensatz der Verben *exercere . . . exhortari* (intellektuelle Unterweisung und emotionale Betroffenheit) wird durch die gleiche Vorsilbe *ex-* betont.

non fortes tantum viros: Solche Beispiele wollen die Realisierbarkeit der oft als überhöht empfundenen Forderungen der Stoa zeigen.

9b-10 Die Lücke enthält ein Beispiel aus dem Bürgerkrieg gegen Cäsar: der sonst nicht sehr tapfere Q. Metellus Pius Scipio (cos. 52 v.; Schwiegervater des Pompejus) erweist sich angesichts des Todes als mutig.

11 **historias**: Wegen des folgenden *ex omnibus saeculis* nicht im engeren Sinn der Zeitgeschichte (vgl. die ‚Historiae' von Sallust und Tacitus), die vielmehr mit *haec nostra tempora* berücksichtigt wird.

contemptores: Dieses Wort wird im Brief fast leitmotivartig verwendet: 3 und 9 *contempsisse* (in der Lücke). Beispiele tapferen Sterbens erlebte man in Neros späteren Regierungsjahren, vor allem ab 62, laufend (besonders eindrucksvoll bei der etwas späteren Pisonischen Verschwörung: Tac. ann. 15, 48 ff.); vgl. 9b/10 (Lücke).

dēlicīs querimur: Klausel ähnlich wie 74, 4 (*in*) *dīvitīs inopēs.*

omnis . . . aetatis: Trikolon und Antiklimax.

12 **securus**: ↗ 2 *securitas.* – **inimici minas**: ↗ 1 *furor inimici.*

te . . . compara: ↗ S. 73 zu 16, 1 *meditatione.*

demere rebus tumultum (akt. „das Beunruhigende"): Die Vermeidung der von den Ereignissen/Situationen ausgehenden Beunruhigungen zielt auf die Ataraxía (eher epikureisch) bzw. die *tranquillitas animi* (stoisch ↗ zu 41, 4). Lucilius könnte zwar bezüglich des Prozesses *fiducia* haben – Sen. scheint an ihrer Berechtigung nicht zu zweifeln –, er ist aber von der Vollkommenheit des Weisen noch weit entfernt (↗ 16, 2 *de te spem habeo, nondum fiduciam*). In seiner *sollicitudo* verfällt er dem allgemein menschlichen Fehler, Gefahren durch Erwartungsangst zu übertreiben. Seneca reduziert gemäß stoischer Tradition die Gefahr auf unsere Angst davor.

memento . . . scies: D. h. zwei Hauptsätze (Imperativ – Futur) statt einer Periode wie 16, 7 *excute . . . et invenies* und § 2 *propone . . . intelleges.*

13 **persona demenda est**: Vorbereitet durch 12 *demere rebus tumultum*; der eigentliche Kampf gilt nicht den Schicksalsschlägen, sondern der Furcht (12 *ipsum timorem*). Wir sind im Zentrum des Briefes (*persona demenda est* ist genau die Mitte des Briefes). Deshalb stehen hier wiederholt eindringliche Wendungen an Lucilius (vor allem Imperative, Wendungen mit „wir"). Von dem persönlichen Du wendet sich Sen. an das Gegenüber Tod (↗ 14); wie sich oben Cato und *Fortuna* gegenüberstanden, so jetzt Sen. (14 *mihi; meus*) und der Tod (Schmerzen).

14 **gladios et ignes**: Vgl. die herausgehobenen Beispiele Cato und Mucius. Mucius' Schicksal leitet über zur Folterqual. Körperliche Schmerzen (selbst Folter und Tod) betrachtet der Stoiker nicht als Störung der *vita beata*, sondern als Adiáphora (↗ zu 74, 16 und zu Cic. fin. 5, 77). Die Bekämpfung der Todesfurcht (im Kontext eine Furcht vor einem besonderen Schmerz – vgl. die bewußte Entsprechung *mors es – dolor es; dolor* bildet den Oberbegriff für den ganzen Paragraphen) ist ein zentrales Anliegen von Epikur, von dem speziell der Schlußsatz in 14 stammt (↗ 2 *aut non magnum aut non longum*).

flagella et eculeos: Die genannten Marterinstrumente waren vor allem für Sklaven bestimmt: *flagella* sind Stricke mit Knoten oder auch aus Draht,

dazu mit Stacheln versehen; *eculei* sind Böcke, auf die man die Verbrecher wie auf „Pferdchen“ setzte; ihre Glieder wurden dann durch Gewichte oder Winden gestreckt oder gar ausgerenkt (*ex-torquere*); z. T. wurden die Glieder auch durch Stricke (die *fidiculae*: „kleine Lauten“) ausgerissen (*laceratio*).
dolor es, quem podagricus . . .: Nach den drei (oder vier?) Formen von außen auferlegter Folter werden drei Arten von Schmerzen, bei denen kein anderer beteiligt ist, kurz gestreift: Fußgicht – Magenschmerzen – Geburtswehen, die nach ihrer Intensität als Klimax angeordnet sind.
(*in*) **īpsīs dēlicīs**: Aus rhythmischen Gründen (– – / – ∪ –).

15 **Haec in animo voluta**: Nach dem Duell Seneca – Schmerz/Tod bedeutet die Wendung an Lucilius ein Nachlassen der Intensität; ↗ S. 91 zu ep. 51, 9.
verba nos philosophiae (Hyperbaton durch die Vorziehung des zentralen Vorwurfs *verba*), **non opera tractare**: ↗ S. 78 zu 20, 1 *verba rebus proba.*
mortem – exilium – dolorem: Trikolon; dabei ist *dolor* der Oberbegriff zu *mors* (↗ zu 14) und zu *exilium* (aus 3/4 erneut aufgenommen). Ob eine Antiklimax vorliegt (*mors* gilt allgemein als das Schlimmste) oder eine Klimax (kurzer Augenblick – langer Kummer – furchtbarer Schmerz: ↗ zu 14), ist schwer zu sagen.

16 **sollicitudinem**: Leitmotivartiger Begriff des Briefes, auch § 1 *sollicitum* (erstes Wort!), 2 *omnem sollicitudinem exuere* bzw. sinngemäß verwandte Wörter wie 12 *tumultum.*
cum exsurgendum erit: In den Grenzsituationen braucht der menschliche Geist seine ganze Kraft (*vigor*) zur inneren Erhebung, besonders im Kampf gegen Tod und Schicksal; ↗ S. 87 zu 41, 2 *supra fortunam exsurgere.*

Die Lücke (16b - 17a) nennt Quellen körperlichen Schmerzes, dazu die Gefahren der Armut, der Verbannung und der Folter, und führt wieder zum Tod (Text) – hier vielleicht im Unterschied zu 15-Ende als Klimax.

17-19 **Moriar**: Der Begriff „Tod“ wird durch ein Trikolon paralleler Glieder betont, die mit jeweils gleichem Anfangswort (Anapher) und Schlußwort (Epiphorá) gebildet werden, deren Kombination Symploké („Verknüpfung“) genannt wird. Die Infinitive neben *posse* enthalten wieder die Stichworte Schmerz (Krankheit: ↗ 14-Ende), Folter und Tod.

Die dritte Lücke (18 - 19a) enthält einen kurzen Hinweis auf die Unterweltsstrafen, die kein Erwachsener fürchtet („die alte epikureische Leier“: 18).

20 **Cotidie morimur**: ↗ zu 1, 2. Der Tod beginnt mit der Geburt – ein auch von Epikureern geäußerter Gedanke. Immer im Angesicht des täglich möglichen Todes zu leben (*hunc ipsum . . . diem cum morte dividimus*), soll nicht Todesfurcht erzeugen, sondern bewirken, daß der Tod etwas uns Vertrautes ist. Der Tod wird zur letzten Tat sittlicher Bewährung.
demitur aliqua pars vitae: Wohl bewußte Aufnahme des Verbums *demere* von 12/13: Diese Sicht der täglich unwiederbringlich verstreichenden Zeit nimmt dem Tod die erschreckende Plötzlichkeit. Dadurch kann er seine frühe Anwesenheit nicht mehr hinter einer Maske verstecken.
transīt/perīt: ↗ zu 1, 2 *praeterīt*, wie dort aus rhythmischen Gründen.

clépsydra: Wasser- und Sonnenuhren waren die üblichen Uhren der Antike (vgl. Vitruv, De architectura 9, 8). Hier ist bei Wasseruhr nicht an die Zeit in ihrer Dauer, sondern an die genau zugemessene Zeit gedacht, wie bei Gericht, wo diese Uhr die Redezeit und deren Ende anzeigte.

21 Die vierte Lücke enthält Bemerkungen zu dem schon § 19 (Lücke) angekündigten Vers des Lucilius (zu seinen Dichtungen ↗ E 4. 2): Der Tod kommt nicht auf einmal, sondern bereitet seinen Eintritt langsam vor (19-Ende und 20).

22 **quaeris, quid huic epistulae infulserim . . . Epicurus**: D. h. das *munusculum*. ↗ zu 16, 7. Die drei Epikur-Zitate tadeln denselben Fehler des übertriebenen Strebens nach dem Tod, u. zw. aus selbstverschuldetem Lebensüberdruß – trotz lebensvergiftender Angst vor dem Tode – aus Furcht vor dem Tod.

23 **eiusdem notae**: *nota* dient der Herkunftsbezeichnung (h. desselben Epikur) wie das Täfelchen bei Weinflaschen. Dieses dritte Beispiel (in indirekter Rede) ist herausgehoben durch Wortwahl (*imprudentia/dementia*), Oxymoron und Polyptoton (*timore mortis . . . ad mortem*).

24 **confirmabis animum** (. . . *firmandi sumus*): ↗ zu 3 *confirmeris*.
vel ad mortis vel ad vitae patientiam: Sen. warnt vor einer leichtfertigen Verherrlichung des Freitodes (*non temere* – 25 *in-consulta*), zumal er manchen als besonders „edel" erscheinen mag.
pro-cursu . . . impetus: Zu den beliebten Metaphern aus dem Kampfbereich (auch 25 *fortis; fugere*) ↗ S. 85 zu 74, 19-Schluß.

25 **libído moriendi**: In der Psychologie spricht man z. T. von Todestrieb (bei Sigmund Freud der Gegenbegriff zum Lebenstrieb), vielfach lehnt man aber diesen Terminus ab. Sen. verurteilt diese Haltung (↗ zu 24).

26 **vitae . . . fastidium**: Diese pessimistische Haltung des Überdrusses begegnet schon im Alten Testament, u. a. bei Hiob (3, 3 *pereat dies, in qua natus sum*).
quousque éadem: Die Beispiele in der Lücke sind dem immer gleichen Tagesablauf und Kreislauf der Jahreszeiten entnommen. Dieselben Gedanken des ewigen Kreislaufs können bei Sen. auch als Trost gegenüber dem Tod dienen (ep. 36, 11).

Fr
1. Welche Begriffe in § 2 sind Wiederaufnahmen von Wörtern in § 1?
2. Sammeln Sie in § 3 (ab *occurrent*) alle Stilfiguren! Beachten Sie auch die Länge der Teilsätze! Welche Wörter bilden den Rahmen von § 3?
3. Erläutern Sie die kurze, aber bewußt gestaltete Erzählung in § 8 durch Sammlung von eher pathetischen bzw. rhetorischen Elementen!
4. Suchen Sie, um Ihren Blick für Senecas Stil zu schärfen, die Beispiele für „verschränkte Wortstellung" in § 4. 5. 8. 9. 12!
5. Geben Sie eine Gliederung des ganzen Briefes! (Beachten Sie dabei die Hinweise zu den Lücken!)
6. An welchen Stellen wird deutlich, daß Sen. die Berechtigung des Selbstmordes von einem autonomen Standpunkt aus behandelt?
7. Nennen Sie Gründe, warum es heute immer wieder zum Freitod/Selbstmord kommt, und vergleichen Sie diese mit der Situation von Sen. und seiner Zeit! (Beispiel etwa die Schriftstellerin Sandra Paretti, † März 1994)

Literaturhinweise

AU	Der altsprachliche Unterricht. Stuttgart
Auxilia	Auxilia. Unterrichtshilfen für den Lateinlehrer. Bamberg
BAW	Bibliothek der Alten Welt. Zürich-Stuttgart
Gym	Gymnasium. Zeitschrift für Kultur der Antike und humanistische Bildung. Heidelberg
IANUS	Informationen zum altsprachlichen Unterricht (früher: IAU). Graz
ND	Nachdruck
RUB	Reclams Universal-Bibliothek. Stuttgart
WdF	Wege der Forschung. Darmstadt

1. Lexika

Lexikon der Alten Welt. – Zürich–Stuttgart 1965 (ND Augsburg 1994).

Lexikon der Ethik, hrsg. O. Höffe (Beck'sche Schwarze Reihe; 152). – München 1977.

2. Antike Philosophie und Ethik

2.1 Öfter zitierte Texte der antiken Ethik in deutscher Übersetzung

Aristoteles: Die Nikomachische Ethik. Übersetzt und mit einer Einführung und Erläuterungen versehen von O. Gigon. – Zürich–München 1967 (BAW) = ND München 1991 (dtv 2267).

Epikur: Von der Überwindung der Furcht. Katechismus. Lehrbriefe. Spruchsammlung. Fragmente. Eingeleitet und übertragen von O. Gigon. – Zürich 1949 (BAW) = ND München 1983 (dtv 6124).

Stoa und Stoiker. Die Gründer. Panaitios. Poseidonios. Eingeleitet und übertragen von M. Pohlenz. – Zürich–Stuttgart 1950 (BAW).
Zitiert: Stoa, Texte.

Stoische Philosophie. Tradition und Aktualität. Ein Lehr- und Arbeitsbuch von E. Hobert. – Frankfurt/M. 1992.

2.2 Darstellungen

Bien, G. (Hrsg.): Die Frage nach dem Glück. – Stuttgart–Bad Cannstadt 1978 (problemata 74).

Düring, I.: Von Aristoteles bis Leibnitz. Einige Hauptlinien in der Geschichte des Aristotelismus. – In: Antike und Abendland 4 (1954), 118 - 154.

Flashar, H.: Die Philosophie der Antike. Bd. 3: Ältere Akademie. Aristoteles. Peripatos. – Basel–Stuttgart 1983.

Forschner, M.: Die stoische Ethik. – Stuttgart 1981.

Forschner, M.: Über das Glück des Menschen (Aristoteles, Epikur, Stoa, Thomas von Aquin, Kant). – Darmstadt [2]1994. Zitiert: Forschner (1994).

Gegenschatz, E.: Philosophie im LU. In: Dialog Schule & Wissenschaft. Klassische Sprachen und Literaturen, Bd. VII. – München 1974, 116 - 167.

Gigon, O.: Grundproblem der antiken Philosophie. – Bern–München 1959 (Sammlung Dalp 66).
Harder, R.: Die Einbürgerung der Philosophie in Rom. – In: Kleine Schriften. München 1960, 330 - 353 bzw. WdF 27 (↗ 3. 2: Büchner), 10 - 37.
Höffe, O.: Grundaussagen über den Menschen bei Aristoteles. – In: Zeitschrift für philosophische Forschung 30 (1976), 227 - 245.
Hossenfelder, M.: Die Philosophie der Antike. Bd. 3: Stoa, Epikureismus und Skepsis. – München 1985. Zitiert: Hossenfelder.
Hossenfelder, M.: Epikur. – München 1991 (Beck'sche Reihe ‚Große Denker'). Zitiert: Hossenfelder, Epikur.
Krämer, H. J.: Epikur und die hedonistische Tradition. – In: Gym 87 (1980), 294 - 326.
Maurach, G.: Geschichte der römischen Philosophie. Eine Einführung. – Darmstadt 1989.
Pohlenz, M.: Die Stoa. Geschichte einer geistigen Bewegung. – Göttingen ⁶1984.
Schmidt, J.: Für und wider die Lust: Epikur und Antiepikureismus . . . – In: J. Schmidt (Hrsg.): Aufklärung u. Gegenaufklärung i. d. europ. Literatur . . . von der Antike bis zur Gegenwart. – Darmstadt 1989, 206 - 219.
Schwartz, E.: Ethik der Griechen, hrsg. W. Richter. – Stuttgart 1961.

3. Cicero und die Philosophie

3.1 De finibus bonorum et malorum: Textausgaben, Übersetzungen, Kommentare und Schulausgaben

Cicero: De finibus bonorum et malorum, ed. Th. Schiche. – Leipzig 1915. ND 1961 (Bibliotheca Teubneriana).
Cicero: De finibus bonorum et malorum. Über die Ziele des menschlichen Handelns. Herausgegeben, übersetzt und kommentiert von O. Gigon und L. Straume-Zimmermann. – München–Zürich 1988 (Tusculum).
Cicero: De finibus bonorum et malorum. Von den Grenzen im Guten und Bösen. Lateinisch und Deutsch. Eingeleitet und übertragen von K. Atzert. – Zürich–Stuttgart 1964 (BAW).
Cicero: De finibus bonorum et malorum. Über das höchste Gut und das größte Übel. Übersetzt und hrsg. von H. Merklin. – Stuttgart 1989 (RUB 8593).
Holstein, H.: M. Tulli Ciceronis De finibus bonorum et malorum libri V. Für den Schulgebrauch erklärt. – Leipzig 1873.
Bernert, E.: Marcus Tullius Cicero De finibus bonorum et malorum. (B 1. 3. 5). – Paderborn 1965.

3.2 Darstellungen

Bringmann, K.: Untersuchungen zum späten Cicero. – Göttingen 1971 (Hypomnemata 29), besonders 138 - 157.
Büchner, K. (Hrsg.): Das neue Cicerobild. – Darmstadt 1971 (WdF 27).
Erler, E.: Cicero und „unorthodoxer" Epikureismus. – In: Anregung 38 (1992), 307 - 322.

Giancotti, F.: Der innere Grundzug von „De finibus". – In: K. Büchner . . . 371 - 387.
Görler, W.: Untersuchungen zu Ciceros Philosophie. – Heidelberg 1974 (Bibliothek der klassischen Altertumswissenschaften. Neue Folge II 50).
Görler, W.: Cicero und die ‚Schule des Aristoteles'. – In: W. W. Fortenbaugh / P. Steinmetz (Hrsg.): Cicero's Knowledge of the Peripatos. – New Brunswick–London 1989, 246 - 264.
Grimal, P.: Cicero. Philosoph, Politiker, Rhetor. – München 1988.
Kilb, G.: Ethische Grundbegriffe der alten Stoa und ihre Übertragung durch Cicero. – In: Büchner . . . 38 - 64.
Leretz, H. (Hrsg.): Cicero als Philosoph. – Bamberg 1992 (Auxilia 25). Darin 36 - 48: H. Leretz: Was ist der Mensch? Fragen aus der philosophischen Anthropologie der Antike (nach De finibus 5, 34 - 44).
Patzig, G.: Cicero als Philosoph, am Beispiel der Schrift „De finibus". – In: Gym 86 (1979), 304 - 322.
Süß, W.: Cicero. Eine Einführung in seine philosophischen Schriften. – In: Akademie der Wissenschaften und der Literatur (geistes- und sozialwissenschaftliche Klasse 1965, 5). – Mainz 1966, besonders 260 - 272.

4. Seneca und seine Philosophie

4.1 Allgemein (↗ auch 2. Antike Philosophie und Ethik)

Birt, Th.: Aus dem Leben der Antike. – Leipzig [3]1922 (Kapitel Seneca 165 - 188. 254 - 265).
Bütler, H.-P.: Seneca im Unterricht (1. Teil: epist. morales). – Heidelberg 1974 (Heidelberger Texte – Didaktische Reihe/7).
Cancik, H.: Untersuchungen zu Senecas epistulae morales. – Hildesheim 1967 (Spudasmata 18).
Friedländer, L.: Sittengeschichte Roms (abgekürzt: SG). – [10]Parkland Verlag Stuttgart o. J.
Grimal, P.: Seneca (Übersetzung von K. Abel). – Darmstadt 1978 (Impulse der Forschung 24).
Hadot, L.: Seneca und die griechisch-römische Tradition der Seelenleitung. – Berlin 1969.
Krefeld, H.: Senecas Briefe an Lucilius im Unterricht. In: AU 5/3 (1962), 86 - 98.
Krefeld, H.: Seneca. In: Krefeld, H. (Hrsg.): Interpretationen lateinischer Schulautoren. – Frankfurt a. M. [2]1970, 218 - 235.
Krefeld, H.: Senecas Aneignung griechischer Philosophie. Dargestellt an dem 65. Brief der Epistulae Morales. In: Dialog Schule & Wissenschaft XX. – München 1986, 60 - 77.
Krefeld, H.: Seneca und wir. Zugänge zur Aktualität seiner Lehre. In: Auxilia 31. – Bamberg 1992 (5 - 58: Überarbeitung von ep. 65).
Loretto, F.: Seneca in der Schule. In: IANUS 9 (1987 - 1988), 34 - 57.
Maurach, G. (Hrsg.): Seneca als Philosoph. In: WdF 414. – Darmstadt [2]1987 (Neu sind die Einleitung und die Bibliographie).

Maurach, G.: Seneca. Leben und Werk. – Darmstadt 1991. Zitiert: Maurach.

Reiner, H.: Die ethische Weisheit der Stoiker heute. In: Gym 76 (1969), 330 - 357.

Reinhart, G./Schirok, E.: Senecas Epistulae morales. Zwei Wege ihrer Vermittlung. – Bamberg 1988 (Auxilia 19).

Rohrmann, L.: Philosophie im Dienst der Lebensbewältigung. In: AU 21/2 (1978), 45 - 59.

Sørensen, V.: Seneca. Ein Humanist an Neros Hof. – München [2]1985.

4.2 Kommentare

Hauck, P.: L. Annaeus Seneca. Ausgewählte moralische Briefe. – Berlin 1910. (Enthält nicht ep. 1. 24. 51. 107.)

Hess, G. – Mücke, R.: L. Annaei Senecae ad Lucilium epistulae morales selectae. – Gotha [2]1913. (Enthält nicht ep. 20. 89. 107.)

Rubenbauer, H.: Römische Briefe. – München–Berlin (Oldenbourg) 1933. (Enthält bei Seneca nicht ep. 20. 24. 74. 89. 107.)

Schulkommentare u. a. bei Aschendorff: A. Klein – Schöningh: J. Bast; 1987 G. Maurach – Bayer. Verlagsanstalt: O. Thaler – Hirschgraben (jetzt: Cornelsen): W. Richter.

4.3 Zu den einzelnen Briefen

ep. 1: v. Albrecht, M.: Meister römischer Prosa. – Heidelberg 1971, 138 - 151.

Blänsdorf, J. – Breckel, E.: Das Paradoxon der Zeit. Zeitbesitz und Zeitverlust in Senecas Epistulae morales und De brevitate vitae. – Freiburg–Würburg 1983 (Heidelberger Texte – Didaktische Reihe/13).

ep. 16: Hornung, R.: Eine Seneca-Stunde in der 9. (d. h. heute 13.) Klasse. In: Anregung 4 (1958), 153 - 158.

Schönberger, O.: Von Nepos zum Neuen Testament. Interpretationen lateinischer Prosatexte. – Bamberg 1986 (Auxilia 14), bes. 65 - 79.

ep. 24: Baltes, M.: Die Todesproblematik in der griechischen Philosophie. In: Gym 95 (1988), 97 - 128 (besonders Abschnitt V).

Leeman, A. D.: Das Todeserlebnis im Denken Senecas. In: Gym 78 (1971), 322 - 333.

Schwarz, F. F.: Der Mensch gehört sich selbst. Seneca und Jean Améry über ‚Freiheit und Tod'. – In: Gym Beihefte 9 (1988), 244 - 260.

ep. 41: Maurach, G.: Über ein Kapitel aus Senecas Epistelcorpus (1972). In: Maurach, G. (Hrsg.): Seneca als Philosoph (↗ 4.1), 339 - 360.

Wimmershoff, H.: Seneca, Ep. 41. Ein Beispiel für exemplarisches Lesen. In: AU 5/3 (1962), 99 - 104.

ep. 51: Krefeld, H.: Interpretationen (↗ 4.1), 219 - 231.

Lefèvre, E.: Der Mensch und das Schicksal in stoischer Sicht. Senecas 51. und 107. Brief. In: AU 26/3 (1983), 61 - 73.

ep. 74: Voit, L.: Zum 74. Brief der ep. mor. Senecas. In: IAU 2 (1980), 96 - 104.

ep. 107: vgl. ep. 51 Lefèvre.